SISTEMA SAT UNIVERSAL - UNIVERSALISMO

SISATUN

SISTEMA SAT UNIVERSAL - UNIVERSALISMO

(LIBRO 6)

SatUni

CARLOS DE JESÚS PIMENTEL FLORES

Para pedidos de copias adicionales de este libro, por favor contacte con:
Palibrio
1663 Liberty Drive
Suite 200
Bloomington, IN 47403
Llamadas desde los EE.UU. 877.407.5847
Llamadas internacionales +1.812.671.9757
Fax: +1.812.355.1576
ventas@palibrio.com
399970

INDICE

Jesucristo
Mesías Cristo
Grado 10 Subgrado 33

SatCarlos
Mesías de Era de Acuarius
Grado 9 Subgrado 32

Sistema SAT Universal
Oración de la Síntesis Universal

"A es Dios el Círculo de Luz
Es la Unidad de todo lo existente
El creó todas las cosas y seres
Primeramente a los ángeles celestiales SA
Después creó el Universo y lo dotó de leyes
Para que se autogenerara por si mismo
Siguiendo leyes científicas y naturales
Y por transicionismo y evolución
Fueron apareciendo la materia y la vida
Después la mente, la conciencia y el espíritu
Y con la conciencia surgió la especie humana
Que apareció primero en nomadismo y tribalismo
Y después cuando ya había aparecido la civilización
Envió a su hijo Jesucristo el único Mesías Cristo
Que es el único Dios encarnado en hombre
Y el único Grado 10 y subgrado 33
Nacido de la Virgen María en Belen
Que fue perfecto en la Paz y en el Amor
Que fue humillado, crucificado y resucitó
Ascendiendo al Cielo con su Padre Dios
Y Dios en cada Era de 2160 años
Envía un Mesías de Era a la Humanidad
Que es Grado 9 y subgrado 32
Que en la Era de Arius fue Abraham
En la Era de Piscius fue el Budha
Y en la Era de Acuarius es SatCarlos
Y SatCarlos fundó el Sistema SAT Universal
Para ayudar a la humanidad con la Síntesis Universal
A alcanzar la Unión SAT para su Salvación"

SatCarlos

CAPÍTULO PRIMERO

SISTEMA SAT UNIVERSAL

SISATUN

SISTEMA SAT UNIVERSAL (SISATUN)

Todos los conceptos nuevos que aparecen en esta obra son creación de SatCarlos.

Este libro Sistema SAT Universalismo es el libro sexto de 40 libros básicos que comprende el Sistema SAT Universal.

El Sistema SAT Universal es la Síntesis Universal de Unión y Salvación, a través de la Sanidad, la Sabiduría y la Santidad en la Era de Acuarius.

Es el Primer Testamento del Universalismo.

Fundado por SatCarlos Mesías de Era de la Era de Acuarius, siguiendo las divinas enseñanzas de su Maestro El Mesías Cristo Jesús de Nazaret, Hijo de Dios y Dios mismo.

Es un Sendero, porque es un procedimiento que debe seguir el adepto para ir logrando paulatinamente y progresivamente su Salvación.

Es de Salvación porque conduce al ser humano hasta la experiencia Sublime y Mística de la UNION.

Es Universal porque es para todo lo existente y todos los seres vivos y entes naturales de todos los tiempos. Es la Síntesis Universal de todos los tiempos y todos los lugares.

Esta experiencia de Salvación y Unión SAT produce entre otras cosas: una comprensión profunda de todo lo existente, un amor sublime y espiritual por todos los seres vivos, una sensación de plenitud y autorrealización incomparables, y una paz y felicidad inconmesurable.

SAT es el Sistema de Salvación de la Era de Acuarius.

Esta Era de Acuarius empezó según el calendario gregoriano el día 25 de Marzo del año de 1441, a las 6:00 horas.

Esta fecha y hora corresponde al año 1 de Acuarius, mes Arés, decanato 1, día Sóles, biora 1, minuto 1, mesegundo 1.

Todo este tiempo dentro del Ciclo Crístico de 25920 años.

El SAT enseña que hay 7 niveles de existencia, que son:

- A (Dios)
- SA (Ángel o Espíritu Santo)

- SAT (Seres Iluminados)
- Humano
- Animal
- Vegetal
- Material (materia no viva, mineral)

En el Gran Año Cósmico GAC Geminian o Ciclo Crístico de 25920 años el único Ser Perfecto fue, es y será Jesucristo Nuestro Señor, porque el es Dios, Humano y Espíritu Santo al mismo tiempo (Divina Trinidad).

Cristo (Jesús de Nazaret) es el único Grado 10 y Subgrado 33 que ha existido y existirá por siempre.

El está en la Cima del Triángulo de Evolución o en la Cima de la Pirámide Iniciática, donde solo puede haber UNO.

Este Ciclo Crístico (de 25920 años) se divide en doce Eras Prescesionales, que son; Arius, Piscius, Acuarius, Capricornius, Sagitarius, Escorpius, Librus, Virgus, Leus, Cancius, Géminus y Taurus.

Y de las cuáles estamos en la Era de Acuarius.

Hay un solo Mesías Cristo (Jesús de Nazaret) y doce Mesías de Era (uno para cada una de estas Eras Prescesionales).

Los Mesías de cada Era de 2160 años han sido:

- En Arius fue Abraham (que vivió donde hoy es Israel)
- En Piscius fue Budha (que nació y vivió donde hoy es Nepal e India)
- Y en Acuarius es SatCarlos (nacido donde hoy es México)

Los Mesías de Era (que están por debajo del Único Mesías Cristo (Jesucristo) son Grado 9 y Subgrado 32.

En esta Era de Acuarius el único Grado 9, Subgrado 32 es SatCarlos, Mesías de Era de Acuarius.

En el libro SAT INICIACION se mencionan y describen todos los grados y subgrados restantes (del subgrado 32 hacia abajo, y del grado 9 hacia abajo).

SatCarlos realiza su Misión de Mesías de Era de la Era de Acuarius a través del SAT, que es la Síntesis Universal de Unión y Salvación.

SAT además de ser el Nivel 3 de Existencia, y la Síntesis Universal de Unión, es un Estado Interior, también llamado; Iluminación, Samadhi, Nirvana, Moksha, Satori y Supraconciencia entre otras denominaciones mas.

SAT es una palabra sánscrita que significa "La Existencia Verdadera y Divina".

También significa Sendero y Disciplina.

SAT es el inicio de la palabra Saturno, que es el planeta de la Evolución hacia la Divinidad, a través de la Disciplina, la Meditación, la Purificación, el Ascetismo, el Desapego y la Liberación de las cosas mundanas y materiales, así como del control de los impulsos e instintos animales y emocionales que atan al humano a su nivel mas bajo.

Saturno permite el ascenso hacia el Ser Divino, por lo que es el planeta del Gurú y del Cristo.

SAT es la Existencia Verdadera, porque solo el que alcanza la Luz Divina de la Verdad en su mayor profundidad y elevación puede salvarse del sufrimiento que producen los acontecimientos cotidianos y las trivialidades mundanas.

Solo aquél que experimenta la Existencia Verdadera y Divina puede llegar a su Máxima Autorrealización y Plenitud que es la UNION SAT.

SAT es también aquel Ser que ha ascendido y superado el nivel humano, debido a que ha alcanzado la Experiencia SAT de Unión siguiendo el Sendero del Sistema SAT.

El SAT contiene Sutras, que son profundas aseveraciones que enseñan la forma de alcanzar la Salvación.

El Sendero SAT es un proceso, donde para alcanzar un estado superior antes se debe haber alcanzado el nivel inferior previo, ya que se deben ir superando los estados básicos y elementales para alcanzar los estados superiores, sublimes y supraconcientes.

El avance en el Sendero no es siempre lineal, ya que aunque un adepto ya haya alcanzado la Experiencia SAT, puede ser que regrese a estados inferiores de Conciencia. Pero cuando ya vio la LUZ ESPIRITUAL por primera vez, estará capacitado y predispuesto a volver a experimentar la Salvación, y paulatinamente los momentos de Iluminación serán cada vez mas frecuentes, según sea su avance en el Sendero SAT.

La primera virtud que debe alcanzar un Adepto SAT es la Sanidad.

Posteriormente debe alcanzar la Sabiduría, y culminar su ascensión espiritual al obtener la Santidad.

Al obtener estas tres virtudes generales de la Sanidad, la Sabiduría y la Santidad alcanza y logra su Salvación, porque habrá eliminado de si mismo el dolor, el sufrimiento, el conflicto, la ignorancia y la bajeza, convirtiéndose en un SAT o Ser Iluminado.

ESENCIAS SAT

Los Grandes Principios y Esencias Universales del Sistema SAT Universal que es la Síntesis Universal de Unión, son:

- Unión
- Evolución
- Equilibrio
- Desapego
- Igualdad

La Unión es la esencia del SAT, porque establece que todos formamos parte de el Gran Todo o UNIDAD Absoluta, y que cada una de sus partes cumple una función específica dentro de ese Todo.

La Misión de todo ser es integrarse cada vez mas a esa Unidad, con una Conciencia Cósmica y Universal, alejándose del egoísmo y la separatividad.

Esta separatividad es la que produce la involución, la degeneración, la imperfección, el dolor, el sufrimiento, el conflicto, la ignorancia y la bajeza.

Esa Unión al Gran Todo que es DIOS (A), debe ser de acuerdo a lo que le corresponde a cada ente o individuo, en base a sus propias características y naturaleza.

La Integración a la Unidad en base a las características propias de cada ente u organismo, permite establecer un Equilibrio y Armonía dentro de esa Unidad.

La Unidad es la consecuencia de la Unión. La Unidad es Dios, que es todo lo existente, porque es el UNO Eterno.

Pero la Unidad y Dios se representan por el Círculo de Luz.

La Unidad se descompone y pierde la Perfección de Dios cuando se divide, y toda división es imperfección y separatividad.

La separatividad empieza en la Dualidad que es la División de la Unidad en dos partes, que son la Evolución y la Involución. Esto es entre el Bien y el mal, o entre los Ángeles y los demonios, o entre la Luz y la obscuridad.

Sin embargo, esta Dualidad va a generar todas las cosas, porque producirá el movimiento de alternancia entre Luz y obscuridad, y esto engendrará todas las cosas. La Dualidad se convertirá en Dialéctica, o sea, en movimiento.

La Unidad se convierte en Dualidad, que son Evolución e Involución, lo cuál significa que los Seres deben elegir el Sendero de Evolución que va hacia la Unión, o el camino de involución que lleva a la separatividad, destrucción y egoísmo.

Esta elección de Evolución o Involución implica elegir una Direccionalidad, hacia donde avanzar.

El SAT elige la Evolución que se representa con el Triángulo o Pirámide de la Evolución.

Este Triángulo de la Evolución representa a la Divina Trinidad.

El Triángulo de la Evolución tiene en la Cima a Jesucristo Nuestro Señor, que es Humano, Espíritu y Dios al mismo tiempo. La Cima del mundo visible.

Y mientras mas se desciende en el Triángulo mas seres hay, porque mientras mas arriba se está mas evolucionado se es.

Por eso en la parte alta de la Pirámide se encuentran además del CRISTO, a los Avatares, Mesías, Vírgenes, Profetas, Budas, Santos, Genios, Héroes y Apóstoles.

Lo de arriba es mas evolucionado y mejor que lo de abajo, y lo mas claro es mas evolucionado que lo mas obscuro, y lo central es mas evolucionado que lo periférico.

La Evolución implica transiciones de lo simple a lo Complejo, y de lo inferior a lo Superior.

La Ley que marca el Ascenso o descenso en la Pirámide Iniciática y Evolutiva es la Ley del Karma.

La Síntesis Universal de Unión SAT enseña con Sabiduría y Conocimiento que la Naturaleza, la Humanidad y el Espíritu dentro del Universo deben estar en Equilibrio.

Equilibrio que indica que todo está en relación con todo, y que cualquier suceso o movimiento afecta al Gran Todo y la Unidad.

Equilibrio que significa Armonía Universal, y por lo tanto cuando rompemos ese Equilibrio destruimos la Armonía y descendemos en la Pirámide Iniciática de Evolución.

Por lo tanto, romper el Equilibrio personal, social o universal ocasiona un desequilibrio en el Gran Todo, aunque no lo percibamos siempre.

Esto significa que, lo mas importante para todo Ser o entidad es alcanzar y mantener el propio Equilibrio.

La Salvación y Unión SAT solo se puede alcanzar cuando existe el Desapego.

Porque no se puede Evolucionar mientras estemos apegados al mundo material y social, que produce esclavitud, sufrimiento y conflicto.

La Sanidad solo se logra cuando existe el Desapego.

Desapego es la Liberación del mundo externo, que permite alcanzar la Autorrealización Interna y la Paz Espiritual.

La Liberación es mas que la simple libertad, ya que la libertad es una cuestión de grado, porque que nadie puede ser totalmente libre, mientras vivamos en un mundo material y social.

No podemos saltarnos la naturaleza, ya que de ella obtenemos nuestro alimento y protección. Tampoco se puede hacer a un lado a la sociedad, ya que mientras seamos integrantes de un grupo social, necesitamos respetar a los demás, de la misma manera que necesitamos ser respetados por otros.

Por eso la libertad no puede ser nunca absoluta, pero si podemos ampliar los márgenes de la misma, empezando por respetar la libertad de los otros.

Cuando un ser humano vive en un clima de libertad sana, adquiere paulatinamente una Libertad Conciente, que es diferente de un libertinaje, ya que es libre de elegir que hacer, pero elige lo que es mas conveniente para el y los demás.

La libertad externa es imposible alcanzarla totalmente, pero hay otro tipo de libertad que si podemos alcanzar, que es la Liberación.

Liberación del sufrimiento cotidiano que producen los acontecimientos exteriores a nuestro Espíritu, y que no lo dejan manifestarse en su forma mas Pura.

Por eso mismo, el SAT busca la Liberación y la Libertad Consciente.

Para alcanzar nuestra Liberación necesitamos aprender a no ser esclavos mentales de lo que nos rodea, a no ir y venir con el vaivén del mundo externo y a mantenernos serenos a pesar de las tormentas cotidianas que se producen a nuestro alrededor continuamente.

Y para lograr la Liberación del torbellino exterior, y lograr la calma dentro del mundo agitado en que vivimos, necesitamos vivir de acuerdo a la esencia del Desapego.

El Desapego es la esencia de la Liberación y la Sanidad, y nos indica que lo que nos rodea va y viene continuamente. Por lo mismo, no nos debemos posesionar, aferrar, ni obsesionar por las personas ni las cosas queriéndolas como propiedades nuestras.

Porque cuando intentamos poseer cosas materiales o atenciones personales de los demás, nos hacemos esclavos de esas cosas y personas, y nos apegamos al torbellino exterior, perdiendo nuestra tranquilidad y entrando a una cadena interminable de sufrimientos.

El Desapego es la base de la Liberación, la Iluminación, la Salvación y la Unión SAT.

El Desapego es la base de la Espiritualidad, tanto de Oriente del Budismo como de Occidente del Cristianismo. Esto significa que El Desapego es la esencia del SAT que es la Síntesis Universal de Unión y Salvación.

Lo importante es hacer y no tener. No debemos desear tener cosas o atenciones, sino debemos hacer las cosas y dar las atenciones personales.

De Dar y Hacer se va a derivar el Ser. No debemos buscar el tener porque eso nos esclaviza, sino que debemos hacer y dar sin esperar recompensa para que alcancemos la Autorrealización y la Plenitud.

La Santidad se refiere a las Virtudes Elevadas de la Devoción, la Pureza, la Paz, la Humildad y principalmente el Amor Espiritual.

Amor Espiritual, Sublime e Ilimitado hacia todos los seres de la naturaleza y la humanidad.

Amor, Comprensión y Sacrificio por todos, pero principalmente por todos aquellos que nos necesitan y sufren.

Porque todos necesitan ser comprendidos y amados para ser felices, y porque el Ser Humano necesita amar para ser feliz y para ser elevado y bueno.

El Amor se logra cuando se cumple la esencia de la Igualdad humana, ya que todos como seres humanos somos iguales, aunque biológica, social, psicológica, cultural y espiritualmente haya diferencias.

Pero como seres humanos somos iguales, y debemos hacer a un lado las diferencias materiales, sociales y personales para poder Amar a los demás.

Porque solo aquel que ve a los demás en un plano de igualdad humana, haciendo a un lado las diferencias puede dar Amor, y por lo tanto, ser un Ser Elevado y Espiritual.

Dedicar la vida a Amar, Ayudar y Servir a los demás comprendiéndolos tal y como son con respeto y aceptación a sus características propias produce la dicha mas inmensa, y hace al humano en un Ser Elevado y Trascendental.

El SAT se basa en las esencias del Desapego, el Equilibrio y la Igualdad, que dan lugar a la Libertad, el Conocimiento y el Amor, que llevadas a grados de Virtudes Sublimes conducen a la Sanidad, la Sabiduría y la Santidad, y que unidas las tres producen la SALVACION o UNION SAT.

SAT es un Sendero que se basa en Grandes Principios Universales para estructurar la materia, la vida, el conocimiento, la conciencia, la sociedad, la cultura, la humanidad y la Espiritualidad en una UNIDAD Totalizadora e Integral, sin negar ni rechazar ninguna manifestación de la Existencia.

Ubica cada cosa, suceso o ser en el nivel que le corresponde dentro del Gran Todo y UNIDAD.

MANTRAM SAT

SAT es una palabra Sagrada para significar Virtudes Verdaderas y Santas.

Representa al Ser y la Esencia.

Representa la Existencia Divina y Verdadera.

Es símbolo de Divinidad, Sendero y Disciplina.

Es la raíz del planeta Saturno, que es el planeta del Cristo, el Guru, el Dharma y la Yoga.

Está compuesta por tres letras, o sea, la Divina Trinidad.

También representa al Nivel Tres de Existencia, después del Nivel Uno (Dios o A) y el Nivel Dos (Ángel o SA).

Sus letras son:

S: Letra sagrada por excelencia, con la que inician las palabras principales, como: SAT, Síntesis, Sendero, Salvación, Sanidad, Sabiduría, Santidad, Simbolismo, Sistema, Sociedad, Sutras, Sagrado, Sacramentos. Representa a la Energía Kundalínica, que asciende a través de los Chakras, hasta alcanzar la Iluminación y el Estado Búdico-Nirvánico-Samádhico-SAT. Mayor símbolo de la Yoga, y por lo mismo, representa la Espiritualidad de Oriente.

A: Letra primera del alfabeto y primera de Todo, o sea, el Inicio del Todo que es la Unidad y Dios. Es el Alfa o Génesis Universal. Su forma de triángulo representa a la Divina Trinidad. Triángulo que representa a la Pirámide Iniciática y a la Evolución Espiritual, que asciende hacia arriba hasta fundirse con la Unidad Divina.

T: Letra que representa el Tao. Símbolo de la Cruz del
Ser Perfecto que es Cristo, Jesucristo Nuestro Señor,
y por lo tanto, del Amor Universal. Representa la
Espiritualidad de Occidente, donde se ha difundido
mas la Doctrina del Amor y la Paz.

Estas tres letras representan también tres trazos, porque la "S"
es de una sola línea, la "T" es de dos líneas y la "A" es de tres líneas,
dando de esta manera la perfección del Mantram SAT.

Estas mismas tres letras invertidas se convierten en símbolos de
maldad, como la "S" volteada se convierte en la serpiente Lucifer, la
"A" invertida se convierte en el triángulo de la involución, y la "T"
invertida se convierte en el puñal de la violencia.

Por lo mismo, SAT es la Espiritualidad Universal, uniendo
Oriente y Occidente hacia la Evolución y la Unión.

CRUZ SAT

La Cruz SAT representa la Dialéctica de la vida, entre:

- lo Espiritual por el eje vertical y lo Mundano por el eje
  horizontal
- el Yen por el eje vertical y el Yin por el eje horizontal
- lo Activo por el eje vertical y lo Pasivo por el eje horizontal
- lo Masculino por el eje vertical y Femenino por el eje
  horizontal
- el Espíritu por el eje vertical y la Naturaleza por el eje
  horizontal
- el Cambio por el eje vertical y la Permanencia por el
  horizontal
- la Dinámica por el eje vertical y la Estabilidad por el
  horizontal
- lo Trascendental por el vertical y lo Elemental por el
  horizontal

Representa la Resurrección y la Transmutación, ya que la línea vertical que está debajo de la horizontal representa la naturaleza baja, animal y egoísta, que se transmuta y evoluciona cuando cruza la línea horizontal hacia arriba convirtiéndose en Espiritualidad.

En la Cruz SAT se encuentra al signo de Acuario cruzando al signo de Piscis, lo que significa que la Era de Piscius se convierte en la Era de Acuarius, porque el SAT es el símbolo de esta Nueva Era de Acuarius.

El SAT supera a la anterior Era al unir a dos Disciplinas que eran opuestas y antagónicas como la Religión y la Ciencia.

La Ciencia está representada con el planeta Saturno, que es el planeta de la Razón, la Lógica y la Sabiduría.

La Religión está representada con el planeta Neptuno, que es el planeta de la Devoción, la Inspiración y la Santidad.

La Enseñanza se encuentra representada por el planeta Júpiter, que es el planeta de la Enseñanza y la Sanidad Integral.

El Universalismo se encuentra representado por el Sol, astro de la Unidad, el Universalismo, Dios y la Salvación Total.

Ciencia, Religión, Enseñanza y Universalismo unidas todas a través de Urano que es el planeta de la Unión en la Era de Acuarius.

La Era de Acuarius pertenece al elemento Aire, y por lo mismo, en la Cruz SAT se encuentra el signo de Géminis en la base, porque representa el Conocimiento.

En la parte alta se encuentra otro signo de Aire que es Libra, que representa el Amor.

Y en el eje horizontal central está Acuario, que representa la Libertad.

De esta manera Conocimiento, Libertad y Amor son la base del SAT de Acuarius, basados en las esencias de Igualdad, Desapego y Equilibrio, que llevados a su expresión sublime, nos producen Sabiduría, Sanidad y Santidad.

En el centro de la Cruz SAT se encuentra el Círculo Blanco, que representa a la Unidad y lo Absoluto que es Dios.

En el Centro se encuentra la palabra UNION que es la Síntesis del Sendero SAT.

Las líneas de la Cruz SAT son de color púrpura (morado-violeta), porque es el color del Acuarius y el Manto Púrpura de Jesucristo.

La superficie interna de la Cruz SAT es de color amarillo que representa a la Luz Divina de Dios y del signo Leo complementario de Acuarius.

Las palabras son de color café porque representan la Profundidad y la Solemnidad de la Cruz SAT, así como la madera de la Cruz de Jesús de Nazaret.

En la parte alta está una pequeña Cruz de Jesucristo Nuestro Señor

SALUDOS SAT

El saludo ocasional a un conocido es colocando la mano izquierda en el pecho y la mano derecha encima de la izquierda y diciendo la palabra SAT, y posteriormente se pueden saludar de mano, beso en la mejilla u otra forma, pero con el solo saludo SAT se considera la cortesía suficiente entre dos personas.

El saludo SAT Crístico es cuando se pasa enfrente de un Templo SAT o cristiano de cualquier secta, o se va a comer, a levantar del sueño nocturno, a dormir, se está frente a una imagen de Jesucristo, o se le pide a Dios algo, entre otros saludos mas. Este saludo SAT Crístico se realiza de la siguiente forma: Se coloca el dedo medio de la mano derecha en la frente, después en el corazón, después en el hombro izquierdo, después en el hombro derecho, después en los labios y finalmente en el pecho se coloca el saludo SAT, diciendo desde el inicio lo siguiente "en el nombre del Padre", "del Hijo", "del Espíritu", "Santo", "Amén", "SAT" en cada uno de los movimientos antes indicados cada una de las frases mencionadas.

El Saludo SAT Ceremonial que se realiza en el MISAT, aunque también se realiza en otras ocasiones, es de la siguiente forma: Se coloca uno de pie, derecho, con los talones juntos, erguido, viendo hacia el Altar la imagen mas importante (Dios o Jesucristo), y las manos extendidas hacia abajo con las palmas juntas y al frente (por la zona genital aproximadamente). A esta posición inicial sigue el hacer un gran circulo (por fuera) con los brazos extendidos desde las palmas juntas abajo hasta juntar las palmas extendidas hacia arriba y levantando la cabeza hacia las mismas al momento de decir "A", después bajar ambas palmas juntas por el frente y ponerlas juntas encima de la cabeza y frente, y viendo al frente decir "SA", después descender ambas palmas juntas hasta ponerlas en el pecho pero con las palmas juntas diciendo "Jesús", y finalmente hacer el saludo SAT, diciendo "SAT", y permaneciendo con las manos en el pecho en saludo SAT, hasta la siguiente actividad en el MISAT, o concluyéndolo si no hay otra actividad consecutiva.

Este ritual y saludo tiene una profunda y sublime significación Mística, Universal y Esotérica, que es la siguiente: Estar de pie frente al Altar y el Sacerdote SAT es una forma de respeto y veneración a lo Superior. Trazar el Gran Círculo es Unificarse con la Unidad, el Todo y Dios. Las palmas arriba unidas y la mirada al Cielo es un mudra de Devoción y Veneración al Altísimo, así como pronunciar el mantram A mas perfecto del Creador Dios. Descender las palmas hacia la cabeza significa el Descenso de los Ángeles y el Espíritu Santo sobre el Adepto. Llevar las palmas hacia el pecho es unirnos al Sagrado Corazón de Jesús, y solicitar su Misericordia, Pureza, Paz y Amor, así como aspirar al Nivel tres de Existencia de los Iluminados, Santos y Budas pronunciando el Mantram SAT.

Después del Saludo se permanece en Mudra Devocional.

TEMPLO SAT

Está en la parte mas alta de cualquier lugar o construcción, porque es el lugar mas Elevado, Sagrado y Sublime de la Humanidad.

En épocas de no lluvias ni fenómenos naturales violentos, no tendrá techo o tendrá un domo transparente que permita ver las nubes y el cielo.

Porque la Unión con las alturas es la Unión con Dios y el Todo.

El Templo SAT es circular, porque el Círculo es la figura mas perfecta y el símbolo de la Divinidad.

El Templo SAT también se nombra Sala Neptuno SAT.

Tiene 12 entradas o puertas, siendo la puerta que da hacia el norte la puerta Capricornio.

En la puerta Capricornio se ubica el Altar SAT, y en la puerta Aries se ubica la entrada de los adeptos varones, en la puerta Cáncer a los adeptos mujeres, y en la puerta Libra a los adeptos de órdenes mayores (5°, 6°, 7°, 8° y 9° grados) de ambos sexos.

El color del Templo SAT al interior es de color gris perla, ya que el gris es el color mas espiritual, porque representa un alejamiento del mundo material de los colores, y porque permite la meditación profunda y el recogimiento interno.

PUERTAS DEL TEMPLO SAT

Son doce puertas del Templo SAT distribuidas a través del Templo SAT que es circular.

Estas doce puertas son: Aries, Tauro, Géminis, Cáncer, Leo, Virgo, Libra, Escorpio, Sagitario, Capricornio, Acuario y Piscis.

El Altar SAT se encuentra en la Puerta Capricornio, que se encuentra en la parte trasera de dicho Altar SAT.

La entrada de los varones es por la puerta Aries, la entrada de las mujeres es por la puerta Cáncer, la entrada de las Ordenes Superiores es por la puerta Libra, la entrada del Sacerdote es por la puerta Acuario, la Sacristía donde se viste el Sacerdote es en la Puerta Piscis, que esta comunicada por dentro con la entrada Acuario, y la entrada de los Diáconos que le ayudan al Sacerdote es por la puerta Sagitario.

Cada Puerta del Templo SAT tiene arriba de la misma una serie de símbolos, palabras y cuadros que representan cosas diversas.

Cada puerta tiene un color específico.

Las Puertas del Templo SAT con sus símbolos, son las siguientes:

ALTAR SAT

En la parte mas alta del Altar SAT hay un Círculo Blanco Luminoso (único foco del Altar) con la "A" (dorada) dentro, que representa al Nivel Uno de Existencia, que es Dios, a través del Circulo que es la Unidad y el Blanco que representa la Luz Divina. Circulo Blanco de Luz de Dios y del Padre Celestial.

Debajo del Círculo de Dios están dos Semicírculos Blancos como un Círculo partido en dos mitades y separadas, y en la de un lado está dentro la "S" y en la otra está la "A", formando la palabra "SA" (en color dorado) que representa a los Ángeles Celestiales, con el Blanco de la Pureza.

Dios y los Ángeles ("A" y "SA") se encuentran dentro de un Triángulo Descendente de color amarillo, que representa el descenso de la Luz Divina hacia los Seres Superiores SAT en la naturaleza.

El ángulo inferior de este triángulo de descenso se junta con el ángulo del Triángulo de la Evolución de los Seres SAT Superiores y de la Pirámide Iniciática.

Y en la Cima de este Triángulo Ascendente de la Evolución se encuentra la Cruz de Jesucristo, porque Jesús es, ha sido y será el Único Ser Visible Perfecto y la Cima de la Pirámide Iniciática y la Humanidad para todos los tiempos humanos. O sea, el Único Cristo y Ser Perfecto, porque es Hijo de Dios y Dios mismo encarnado.

La Cruz de Cristo está en la Unión de los dos Triángulos, el de la Evolución y el del Descenso de la Luz Divina, porque Jesús es Dios y humano al mismo tiempo.

La Cima de este Triángulo y Pirámide Iniciática es al mismo tiempo la letra "A" de "SAT", porque están escritas a ambos lados de esta "A" la "S" y la "T", porque la "A" es el nombre de Dios.

La palabra SAT representa el Nivel 3 de Existencia, porque es el de los Iluminados, Elegidos y Santos, que se encuentran entre el nivel 4 (humano) y el Nivel 2 (Ángeles).

De ese Triángulo de Evolución y Pirámide Iniciática que empieza en la Cima con la "A", se derivan los 10 Grados Iniciáticos que comprenden a toda la Humanidad de todos los tiempos.

Los Grados Iniciáticos 10, 9 y 8 pertenecen al Nivel SAT y los Grados Iniciáticos 7, 6, 5, 4, 3, 2 y 1 pertenecen al Nivel Humano Evolutivo.

La Pirámide Iniciática en los Grados 10, 9 y 8 es de color Blanco, y en los Grados Iniciáticos 7, 6, 5, 4, 3, 2 y 1es de color Gris Perla.

Al interior de la Pirámide Iniciática se encuentra la Cruz SAT.

En la base del Altar está el Ara SAT, o Mesa Ceremonial del Sacerdote SAT.

La altura de esta Ara es al nivel del 5º Grado Iniciático, que es el del Sacerdote (o Sacersat).

La Pirámide Iniciática del Altar tiene 10 Grados Iniciáticos, que van del Grado 10 de Jesucristo en lo mas alto de la Pirámide, hasta el Grado 1 en lo mas bajo de la Pirámide.

Debajo de la Pirámide Iniciática SAT hay otros niveles hacia abajo, que representan los Niveles de Existencia inferiores, que son el Nivel 4 Humano en color azul, el Nivel 3 Animal en color mandarina, el Nivel 2 Vegetal en color verde y el Nivel 1 Material en color rojo.

Entre la Ara y la Cruz SAT se encuentra el Candelero SAT, con Tres Velas Blancas y forma del planeta Neptuno, que es el de la Espiritualidad y el Misticismo.

En cada escalón de la Pirámide Iniciática hay dibujado del lado izquierdo el Símbolo del Grado Iniciático, como; Martillo en el 1º, Flor en el 2º, Libro en el 3º, Vaso de Agua en el 4º, Cáliz en el 5º, Piedra en el 6º, Báculo en el 7º, Vela en el 8º, Triángulo en el 9º y Círculo o Cero en el 10º de Cristo.

Y del lado derecho (según la mano del Cristo del Altar) están los números de los Grados Iniciáticos, como; 1. 2. 3. 4. 5, 6, 7, 8, 9, 1 (1que con el Circulo del lado izquierdo forma el 10 de Cristo).

Debajo de la Cruz SAT se encuentra la Rueda Universal de las Actividades Humanas Básicas, que son; Deporte, Agropecuaria, Tecnología, Doméstica, Administración, Medicina, Arte, Milicia, Enseñanza, Ciencianat, Cienciasoc. y Religión.

A ambos lados de esta Rueda están Dos Columnas de Valores, del lado izquierdo en color turquesa los Valores Yin y del lado derecho de la rueda en color mandarina los Valores Yen.

Y debajo de esta rueda se encuentra la rueda del Yen-Yin (o Yin-Yang), en color mandarina Yen y en turquesa Yin.

Debajo de la Cruz SAT dice "Síntesis Universal de Unión y Salvación" "en la Era de Acuarius" "Primer Testamento del Universalismo".

En el escalón del Grado 10 de Cristo empieza hacia arriba la Cruz con Jesucristo Crucificado y sube por encima de la "A" del SAT, porque Jesucristo está en la Cima de la Evolución.

Este Jesucristo (Crucificado) es de piel humana de raza blanca y pelo rubio y con calzón blanco, y la Cruz es de madera café

Las letras y números en el Altar son de color Café, que representan la Sabiduría de Saturno y la Cruz de Cristo de madera.

Fuera de la Pirámide Iniciática y de los Triángulos de Evolución y Descenso hay dibujado (o real) un cielo azul con nubes (únicamente), demostrando que la Pirámide SAT, Cristo, los Ángeles y Dios están en lo alto del Cielo.

En cada escalón Iniciático dice del lado izquierdo (de la mano del Cristo) la Etapa Iniciática que le corresponde, que son; en 1º Devoción, en 2º Redención, en 3º Instrucción, en 4º Purificación, en 5º Consagración, en 6º Liberación, en 7º Predicación, en 8º Iluminación, en 9º Resurrección y en 10º Unión.

Y del lado derecho de la Pirámide dice, en 1º Bakta, en 2º Sadaka, en 3º Chellah, en 4º Arhat, en 5º Swami, en 6º Mahatma, en 7º Asheka, en 8º Buda, en 9º Avatar, y en 10º Cristo.

Por dentro de la Pirámide junto al contorno de la misma están inscritos los Subgrados Iniciáticos, que son 33, siendo el 33 de Jesucristo y que está inscrito en la base de la Cruz de Cristo.

Junto al número de cada Subgrado está inscrito el nombre Iniciático de cada Subgrado.

En el Grado 9º hay tres Subgrados, que son; el 32 de los Mesías, el 31 de la Virgen, y el 30 de los Magnusats.

En el Subgrado 32 está inscrito del lado derecho Budha y su Imagen (Mesías de Piscius) y del lado izquierdo SatCarlos y su Imagen (Mesías de Acuarius).

En el Subgrado 31 está inscrito Virgen María y su Imagen en medio de ambos lados.

Rodeando todo el Altar SAT y el Cielo que rodea al mismo hay un Gran Arco dorado por encima del mismo y este gran arco continua hacia abajo por la derecha y la izquierda en Dos Columnas color mandarina (derecha) y turquesa (izquierda), y una Cortina de color púrpura también que va de columna a columna para cerrar la Cortina cuando no se celebra ningún acto o ritual que requiera el uso del Altar SAT.

En el Nivel 3 animal (en su escalón) se coloca a ambos lados del Ara una jaula, una con dos peces y otra con dos pajaritos.

En el Nivel 2 vegetal (en su escalón) se colocan a ambos lados flores, con 2 floreros de lado izquierdo y 2 floreros del lado derecho, y con 12 flores cada florero. Las flores son del color que corresponda a cada Ceremonia.

En el Nivel 1 material (en su escalón) se colocan minerales (joyas o vidrios según la situación económica de cada lugar) en vasijas de vidrio. Se colocan 3 vasijas de cada lado, con 4 minerales cada una. El color del mineral depende de la ceremonia que corresponda en cada ocasión.

El Ara se encuentra encima de un pequeño tapete rojo, que simboliza la Sangre de Cristo.

Y de la puerta Aries a la puerta Libra hay un pasillo de tapete rojo, al igual que de la puerta Cáncer a la puerta Capricornio, formando una Gran Cruz en el Templo, que sube hasta el Ara del Altar.

El Piso de todo el Templo SAT tiene una alfombra color verde pasto.

El Altar SAT si es que tiene techo, debe tener en el Circulo de Dios un Circulo también por donde entre la Luz del Sol todas las mañanas.

ARA SAT

El Ara SAT es una pequeña mesita que mide de largo 1 metro, de ancho 60 cms. y de alto 82 cms. Representa el sepulcro de Jesucristo.

Es de color blanco y se encuentra en la base del Altar SAT en la parte de en medio.

Tiene un lienzo encima de color blanco, que representa la Sabana Santa en la que fue envuelto Jesucristo.

Tiene encima varios objetos sacramentales, que son los siguientes:

- El Cántaro del Acuarius, que es la vasija mas grande, y está colocada en la parte posterior en el centro del Ara.
- El Cáliz del Acuarius, colocado a la derecha (según Jesucristo) del Cántaro del Acuarius.
- El Cáliz de Cristo, colocado a la izquierda del Cántaro del Acuarius.
- El Plato de la Purificación, que es una charolita ovalada, colocado adelante del Cántaro del Acuarius.
- La Vela de Purificación, que es una veladora pequeña, cuyo color depende del mes en que se coloque. Los colores de esta son; en Arés es roja, en Taurés es limón, en Geminés es azul, en Cancés es rosa, en Loés es amarilla, en Virgués es turquesa, en Librés es verde, en Escorpiés es negra, en Sagitarés es tejocote, en Capricornés es café, en Acuarés es morada, y en Piscés es gris. Esta Vela va colocada encima en medio del Plato de la Purificación.
- El Cáliz del Espíritu Santo, que es una copita (con aceite perfumado) mas pequeña que los Cáliz del Acuarius y Cristo, y que va colocada a la derecha del Plato de la Purificación.
- El Cáliz de la Eucaristía, que contiene las Hostias que representan el Cuerpo de Cristo, y que es igual al del Espíritu Santo, y que va colocado del lado izquierdo del Plato de la Purificación.
- El Cáliz de la Bendición de los Adeptos, que es una copita mas pequeña que el Cáliz del Espíritu Santo, y que contiene el Agua Bendita perfumada que se esparce a los Adeptos. Se coloca a la derecha del Incensario.
- El Cáliz de la Bendición de las Ofrendas, que es igual que el Cáliz de Bendición de los Adeptos, y se coloca al lado izquierdo del Incensario, y que contiene también Agua Bendita.
- El Incensario, que es un recipiente pequeño que contiene el Incienso de Mirra (en varita) para la Purificación del Templo.
- La Campanita de Indicación Ceremonial, que se coloca delante del Incensario.

- Vasijas del Cumplimiento Sacramental, que son dos pequeños vasitos de vidrio, que van a ambos lados del Cántaro del Acuarius, y donde se colocan las piedritas (o joyas) del Cumplimiento Sacramental, que son de varios colores según el Grado Iniciático al que se le dan. Estos colores son; Para los de 1º Grado de color rojo, para los de 2º Grado de color verde, para los de 3º Grado de color azul, para los de 4º Grado de color rosa, para los de 5º Grado de color tejocote, para los de 6º Grado de color café o ámbar, para los de 7º Grado de color violeta, para los de 8º y 9º Grado de color blanco (que de hecho ya no se les entregan regularmente).
- Debajo del Ara se encuentra otro entrepaño, que contiene el control del aparato de sonido y casete que se usa en los Sacramentos, el apagador de las velas y otras cosas que usa el Sacerdote SAT, pero que no se ven porque los cubre el Lienzo del Ara.
- Debajo de esta mesita en el piso esta la Charola de la Sabiduría en color plata, donde se colocan encima de la misma los Libros SAT que se usan en los Sacramentos SAT.
- A ambos lados del Ara SAT (en el suelo) hay dos Ofrendarios o recipientes dorados donde se colocan las ofrendas a bendecir.

Todas las vasijas mencionadas son de oro o de color dorado.

VESTUARIO SAT

En el SAT hay varios tipos de vestuario. Algunos de estos son:

- El Sacramental
- El Laboral
- El Estudiantil
- El Residencial
- El Recreativo
- El Especial, y
- El Libre

Vestuario Sacramental

Dentro del Vestuario Sacramental también hay varios tipos, que son:

- El Sacramental Purificatorio
- El Sacramental Vital
- El Sacramental Conmemorativo, y
- El Sacramental Iniciático.

Vestuario Sacramental Purificatorio

Según la función que desempeñen en el Sacramento Purificatorio es el Vestuario que usan los Adeptos SAT.

Las funciones básicas, son; Sacerdote SAT, Adeptos de Ordenes Mayores, Adeptos de Ordenes Menores, Adeptos No Iniciados y No Adeptos.

El vestuario del Sacerdote SAT se compone de; Alba (o túnica blanca), Casulla de color tejocote, Cuello de color blanco, Cruz del SAT de plata, y ropa interior de algodón y blanca (calzón, calcetines, playera, pantalón y pañuelo).

El vestuario de los Adeptos SAT de Ordenes Mayores se compone de; Alba (o túnica blanca), Casulla (de color según su Grado, que son los siguientes; 5º de color tejocote, 6º de color café, 7º de color morado, 8º de color gris, 9º de color amarilla, y 10º (solo Jesucristo en el Altar con calzón blanco o Alba blanca y Casulla amarillo-dorada)), Cuello de color blanco, Cruz del SAT de plata para los Grado 5º, 6º y 7º, y de oro para los grados 8º, 9º y 10º (Cristo en el Altar) y ropa interior blanca.

El vestuario de los Adeptos SAT de Ordenes menores se compone de; Cafal (o túnica amarilla), Cintillo (de color según el Grado, que son los siguientes; 1º de color rojo, 2º de color verde, 3º de color azul y 4º de color rosa), Cuello de color blanco, Cruz del SAT de cobre y ropa interior amarilla.

El vestuario de los Adeptos No Iniciados se compone de lo siguiente: ropa interior y playera, calcetines y pantalón de algodón de color morado.

El Vestuario de los No Adeptos del SAT que ingresen al Templo o participen en el MISAT u otro Sacramento, constará de ropa interior, calcetines, playera y pantalón del color rojo o del que sea (excepto blanca, amarilla o gris).

Todos los asistentes a un Sacramento o al Templo SAT ingresarán siempre sin zapatos y habiéndose bañado ese día.

También llevarán una pluma de tinta morada, su Sutrero, su cuadernillo y su credencial SAT los Adeptos Iniciados.

Este vestuario indicado se usa en los Sacramentos Purificatorios como el MISAT y otros.

Vestuario Sacramental Conmemorativo

Este se usa en las fechas conmemorativas, que son:

- El 1 Soles de Arés (25 de Marzo) o Año Nuevo Natural
- El 1 Soles de Taurés (24 de Abril) o día de la Naturaleza
- El 1 Soles de Geminés (25 de Mayo) o día de SatCarlos
- El 2 Lunes de Cancés (5 de Julio) o día de la Madre
- El 2 Lunes de Loés (5 de Agosto) o día del Padre
- El 1 Soles de Virgués (24 de Agosto) o día de la Virgen María
- El 1 Soles de Librés (24 de Septiembre) o Año Nuevo Humano e Inicio del Ciclo Administrativo (cada 5 años)
- El 1 Soles de Escorpiés (24 de Octubre) o día de los Muertos
- El 1 Soles de Sagitarés (24 de Noviembre) o día del SAT
- El 1 Soles de Capricornés (24 de Diciembre) Navidad de Cristo
- El 3 Neptunes de Capricornés (22 Enero) Crucifixión de Cristo
- El 3 Onces de Capricornés (23 de Enero) o Santo Sepulcro
- El 1 Soles de Acuarés (24 de Enero) o día de la Iniciación SAT y la Resurrección de Jesucristo
- El 1 Soles de Piscés (23 de Febrero) o día del Budha
- El 1 Lunes de Piscés (24 de Febrero) o día de Todos los Santos
- El 3 Soles de Piscés (14 Marzo) día de Pentecostés

El Vestuario del Sacerdote u Oficiante (de Ordenes Mayores) es con Alba blanca, Casulla púrpura, Cinturón del color según su Grado (tejocote, café, morado, gris o amarillo), Cuello blanco y Cruz SAT según su Grado (plata u oro).

El Vestuario de los Adeptos de Ordenes Mayores es con Alba blanca, Casulla púrpura, Cuello blanco y Cruz SAT según su Grado (plata u oro).

El Vestuario de los Adeptos de Ordenes menores es con Cafal amarillo y Cintillo púrpura (todos), Cuello blanco y Cruz SAT de cobre.

El vestuario de los Adeptos No Iniciados es de Cafal morado, Cintillo color rojo y Cuello blanco (todos).

Los No Adeptos pueden vestirse como quieran, pero con calcetines y sin zapatos, y sin usar el color blanco, amarillo, gris, púrpura ni negro

En el cumpleaños personal, los hombres usan cafal mandarina y las mujeres turquesa, con el cintillo o casulla del color según su grado.

Vestuario Sacramental Iniciático

Es el vestuario Sacramental Vital de la Iniciación (Púrpura), pero al inicio del Sacramento inician con el Cintillo o Casulla del Grado que están concluyendo y al término del Sacramento Iniciático ya tienen el nuevo Cintillo o Casulla.

Vestuario Estudiantil

Es el vestuario que se usa en Centros de Estudios (Estusats)

Las prendas de vestir no son ni el Alba ni el Cafal, sino la ropa adecuada para realizar las actividades.

El color de la ropa exterior (que se observa) es, en los Profesores es de color tejocote, con camisa de color amarilla si son de Órdenes menores y con camisa blanca si son de Órdenes mayores.

Los trabajadores y autoridades se visten de color morado.

Los Estudiantes o Alumnos se visten según el nivel educativo, de la siguiente forma:

- Los de Nivel Preescolar (de 1 a 5 años) de azul marino, con camisa de color según su grado escolar, que son; 1°

año de rojo, 2º año de verde, 3º año de azul claro, y 4º año de rosa.

- Los de Nivel Elemental (de 6 a 15 años) de azul medio, con camisa de color según su grado escolar, que son; de 1º año de rojo, 2º año de verde, 3º año de azul claro, 4º año de rosa, 5º año de tejocote, 6º año de café claro, 7º año de morado claro (lila), 8º año de gris claro, 9º año de amarillo y 10º año de amarillo pálido.

- Los de Nivel Profesional (de 16 a 25 años) de azul claro, con camisa según su grado escolar, que son; de 1º año rojo, 2º año verde, 3º año azul pálido, 4º año rosa, 5º año tejocote, 6º año café claro, 7º año morado claro (lila), 8º año gris claro, 9º año amarillo y 10º año amarillo pálido. Aunque en este Nivel Profesional, puede ser la Profesión de solo los primeros tres años (Nivel Técnico), o de los primeros ocho años (Nivel Licenciatura) o que abarque los diez años (Nivel Maestría).

- Los de nivel posterior al Nivel Postgrado ya usan el vestuario propio del trabajo donde aplican su estudio, pero si están en Investigación o Estudio Doctorado en ese trabajo, entonces usan camisa azul claro.

Vestuario Laboral

Es el Vestuario que usan para trabajar al que también le nombran uniforme de trabajo.

La ropa usada depende de las actividades que se realicen, pero el color si depende del Ministerio donde se trabaje.

Los de Grado Superior (5º en adelante) usan camisa blanca, los Ordenes menores usan camisa amarilla, y la ropa es según el Ministerio de los siguientes colores; los del MIE de rojo, los del MAA de limón, los del MCD de azul, los del MPV de caqui (café amarillento), los del MRT de nanche (naranja o amarillo-anaranjado), los del MSA de turquesa (azul verdoso), los del MAJ de verde, los del MPD de magenta (rojo violatado), los del MCT de tejocote (anaranjado), los del MET de café, los del MEC de morado y los del MEE de gris medio.

Si pertenecen a un Ministerio pero están realizando un trabajo o servicio en otro Ministerio, entonces se visten usando un pantalón o vestido del color del Ministerio al que pertenecen y un saco, suéter o abrigo del color del Ministerio donde están realizando su trabajo temporal.

Por ejemplo, si una persona trabaja en el MIE de Ingeniero de Mantenimiento, pero va a realizar un servicio al MEC a una escuela, entonces usa un pantalón rojo con un saco morado y su camisa blanca o amarilla (según su puesto o Grado).

Vestuario Residencial

Es el que se usa cuando se está en el Cassat (casa), que es de acuerdo a las actividades que se realicen, pero el color recomendado es de acuerdo al día que se use.

Los colores del vestuario residencial para cada día son; el Sóles (domingo) es amarillo, el Lúnes (lunes) es rosa, el Mártes (martes) es rojo, el Mercúres (miércoles) es azul, el Jupítes (jueves) es tejocote, el Venúses (viernes) es verde, el Satúrnes (sábado) es café, el Uránes es morado, el Plutónes es guinda, el Neptúnes es gris y el Ónces es libre (del color que se desee).

Vestuario Recreativo

Es el que se usa cuando se realiza una actividad básicamente recreativa, y no Sacramental, Laboral ni Estudiantil.

El vestuario recreativo es libre (del color y forma que se desee), pero sin que sea igual al de tipo laboral ni estudiantil ni Sacramental, ni tampoco que se use todo blanco.

Vestuarios Especiales

Cuando hay un difunto cercano se visten de negro con camisa amarilla o blanca los conocidos del difunto y el muerto de blanco.

El recién nacido se viste el primer decanato todo de color crema con color mandarina si es hombre y crema con color turquesa si es mujer.

Los delincuentes se visten de negro, y la cantidad de negro dependerá del grado de delincuencia que tenga el sujeto. Por ejemplo, si es asesino se viste todo de negro, si solo es ladrón de poca monta entonces se viste de pantalón negro con camisa guinda.

Otros vestuarios son los disfraces y para momentos especiales.

Vestuario Libre

Vestuario Libre es cuando se declara oficialmente vestuario libre, o cuando no es necesario utilizar algún tipo de vestuario, por ejemplo, en la cassat o de paseo, pero en el vestuario libre no se puede usar un vestuario que sea como uno de los otros vestuarios oficiales ni tampoco se puede usar en el vestuario libre vestirse de blanco ni de negro, salvo alguna porción menor al 25 % de la ropa usada

Otros vestuarios son los disfraces y para momentos especiales.

MUDRAS SAT

Los Mudras SAT son posturas corporales que reflejan una actitud basada en las Virtudes que se manifiestan en los Sacramentos o Rituales Espirituales SAT.

Los principales Mudras son:

Devocional	De Enseñanza	De Alabanza
De Salutación	De Veneración	De Consagración

De Sacramentación   Del Acuarius   De Humanidad

De Relajación   De Trascendencia   Reverencial

De Imploración   De Aprendizaje   De Meditación

Crístico   Ante un SAT (9º u 8º) Ante Grado Mayor (7º,6º,5º)

PANTÁCULO SAT

Es una identificación del sujeto a la vista, que indica su nombre, edad, signo dual, Grado Iniciático, Regsat, Nassat, Prosat, Siusat, Delsat, Varsat, Getsat Cassat y Avisat, así como el Ministerio y Trasat donde trabaja.

Puede presentarse en forma de medalla collar o como credencial de bolsillo.

Es circular y es oficial, por lo que nadie puede falsificarla porque trae sello.

Contiene lo siguiente:

1.- Por el reverso tiene la foto, firma y huella del dueño que lo porta.

2.- Por el frente tiene el mantram SAT en amarillo

3.- El Triángulo de la Evolución en amarillo y el fondo blanco.

4.- La Cruz SAT en amarillo con contornos púrpura y círculo blanco.

5.- Dentro de la A del mantram SAT el número de Grado Iniciatico que posee el Adepto.

6.- Un triángulo invertido que se une a la A en su ángulo superior, de color blanco.

7.- Dentro de este triángulo invertido un Círculo blanco que representa a Dios, o puede ser el hoyo por donde pasa la cadena de donde pende el Pantáculo.

8.- Dentro del Triángulo de la Evolución y debajo de la Cruz SAT está el nombre particular del Adepto (Solamente el nombre propio sin apellidos).

9.- Al lado izquierdo del mantram SAT está el color del Regsat al que pertenece el Adepto.

10.- Del lado derecho del mantram SAT está el color de el Nassat, el Prosat y el Siusat al que pertenece el Adepto, siendo el primer color horizontal arriba el del Nassat, el segundo color vertical el del Prosat, y el tercer color vertical el del Siusat al que pertenece.

11.- Inmediatamente debajo del color del Regsat está el nombre de la Siusat a la que pertenece el Adepto, que viene siendo su apellido Siusatal, y en el otro lado, inmediatamente debajo del Regsat está el apellido Cassatal del Adepto.

12.- Del lado izquierdo y debajo del Siusatal están en forma de lista vertical, los nombres de; el Delsat, el Varsat y el Getsat del Adepto.

13.- Del lado derecho y debajo del Cassatal están en forma de lista vertical, los nombres de; el Cassat, el Avisat, y la fecha en que nació el Adepto.

14.- Del lado izquierdo y donde están escritos el Delsat, Varsat y Getsat es del color de su signo ascendente del Adepto, y del lado derecho, donde están escritos el Cassat, el Avisat, y el año del pantáculo es del color de su signo solar del Adepto.

15.-Debajo del Triángulo de la Evolución es del color del Ministerio donde trabaja el Adepto, y ahí está escrito el Trasat (Centro de trabajo) donde trabaja y el domicilio del mismo. Y abajo del mismo, el puesto de trabajo que desempeña.

ESTANDARTES SAT

Los estandartes SAT son de varios tipos, que son:

- Banderas SAT de lugares
- Banderolas SAT de trabajos
- Banderines SAT de aficiones.

Banderas SAT son las que representan a un lugar, que puede ser desde todo el mundo (Munsat), cada una de las 10 Regiones (Regsats), o las 100 Naciones (Nassats), o las 1,000 Provincias (Prosats), o los 10,000 Municipios o Ciudades (Siusats).

Cuando es del Munsat, la Bandera es blanca con la Cruz SAT en el centro de la misma y debajo la palabra MUNSAT

Cuando la bandera es de un Regsat, entonces tiene dos partes, que son; del lado izquierdo una franja vertical con el color de la Regsat y el nombre de la misma en la base de esa franja de color, y otra franja blanca con la Cruz SAT.

Cuando es de Nassat, la bandera tiene tres franjas, que son; primero la franja del Regsat al que pertenece esa Nassat, después en medio la franja blanca con la Cruz SAT, y después la franja del color del Nassat particular, y el nombre del mismo en la base.

Cuando es de Prosat la bandera tiene; la franja del Regsat, la franja de la Cruz SAT, y del lado de la franja del Nassat esta se divide en dos mitades, y la horizontal de arriba lleva el color del Nassat al que pertenece y la de abajo el color del Prosat específico con su nombre en la base.

Cuando es de Siusat la bandera entonces tiene; la franja del Regsat, la franja de la Cruz SAT, la franja del Nassat, y la franja donde está el color del Prosat se vuelve a dividir en dos mitades, y la parte izquierda conserva el color del Prosat al que pertenece la Siusat y en la parte derecha va el color de la Siusat específica y el nombre de la misma.

Las Banderolas son para identificar a los trabajos y sus Ministerios, y son así: en la parte de arriba de la banderola la Cruz SAT, y debajo de la Cruz SAT el símbolo del Ministerio en cuestión en el color del Ministerio, tanto el símbolo como el nombre completo (por ejemplo: Ministerio de Industria y Comercio) en forma de herradura rodeando al símbolo.

Si además se quiere representar el Ministerio de cierto lugar o Siusat, Prosat, etc., entonces en la franja del centro blanca con la Cruz SAT también está el símbolo del Ministerio.

Los Banderines son para representar a los equipos, personajes, o aficiones que se desee, por lo que son libres de diseño.

LOS SÍMBOLOS DEL SISATUN SON

Altar SAT

Cruz SAT

Ara SAT

Pantáculo SAT

Puerta del Templo SAT

Bandera SAT Bandrola SAT

VOCABULARIO SISATUN O DEL SISTEMA SAT UNIVERSAL

A	Dios, Absoluto, Unidad, Uno, Altísimo, etc.
SA	Ángel
SAT	Iluminación, Nivel SAT, Estado SAT, Nirvana, Samadhi, Satori, Sistema SAT.
SATI	Adepto SAT Iniciado.
SATNI	Adepto SAT no iniciado.
Satani	No Adepto del Sendero SAT.
Satanic	No Adepto del Sendero SAT y egoísta.
Satánico	No Adepto del SAT y asesino o peor.
Satanás	Diablo. Enemigo de Dios y jefe de los demonios.
MESIAS CRISTO	Único Cristo (Jesucristo) y Cima del Mundo Visible. Único Grado 10 y Subgrado 33 de todos los tiempos. Hijo de Dios-Dios mismo Jesús de Nazaret, Hijo de la Virgen María
MESIAS DE ERA	Guía Universal de una Era (por debajo del Mesías Cristo Jesucristo) Grado 9 y Subgrado 32.
SATCARLOS	Mesías de Era de Acuarius, o Mesías de la Era de Acuarius. Único Grado 9 Subgrado 32 en la Era de Acuarius. También de nombres SATVEMA y SATCHITANANDA
BUDHA	Mesías de Era de Piscius o Mesías de la Era anterior de Piscius. Único Grado 9 Subgrado 32 en la Era de Piscius.
ABRAHAM	Mesías de Era de Arius.
VIRGEN MARÍA	Madre de Jesucristo (Madre de Dios).
VIRGEN	Madre de un Mesías. Grado 9 y Subgrado 31
MARÍA DE LOS ANGELES	Madre del Mesías de Era SatCarlos.

MAGNUSAT	Adepto SAT de Grado 9 y Subgrado 30
Menes	Magnusat de Subera Arios de Era Arius
Sargón	Magnusat de Subera Tauros de Era Arius
Hermes	Magnusat de Subera Geminos de Era Arius
Rama	Magnusat de Subera Cancios de Era Arius
Hamurabi	Magnusat de Subera Leos de Era Arius
Jacob	Magnusat de Subera Virgos de Era Arius
Orfeo	Magnusat de Subera Libros de Era Arius
Ugarit	Magnusat de Subera Escorpios de Era Arius
Moisés	Magnusat de Subera Sagitarios de Era Arius
Mitra	Magnusat de Subera Capricornios de Era Arius
Zoroastro	Magnusat de Subera Acuarios de Era Arius
Lao Tsé	Magnusat de Subera Piscios de Era Arius
Confucio	Magnusat de Subera Arios de Era Piscius
Pitágoras	Magnusat de Subera Tauros de Era Piscius
Aristóteles	Magnusat de Subera Geminos Era Piscius
Patanjali	Magnusat de Subera Cancios de Era Piscius
San Pedro	Magnusat de Subera Leos de Era Piscius
Constantino	Magnusat de Subera Virgos de Era Piscius

Bodidharma	Magnusat de Subera
	Libros de Era Piscius
Kukulkan-Mahoma	Magn. de Subera Escorpios
	de Era Piscius
Carlomagno	Magnusat de Subera
	Sagitarios de Era Piscius
Fernando I-Urbano II	Magn. Subera Capricornios
	de Era Piscius
San Francisco Asís	Magnusat de Subera
	Acuarios de Era Piscius
Tomas de Aquino	Magnusat de Subera
	Piscios de Era Piscius
Copérnico-Newton	Magnusat de Subera Arios Era Acuarius
Darwin-Euler	Magnusat de Subera Tauros
	de Era Acuarius
Marx-Edison-Mendeleiev	Magn. Subera Geminos Era Acuarius
Skinner-Piaget-Disney	Magn. Sub. Cancios Era Acuarius

No todos los Magnusats están dentro el tiempo exacto de su Subera

SUPERSAT	Adepto SAT de Grado 8 y Subgrado 29
GRANDSAT	Adepto SAT de Grado 8 y Subgrado 28
ANUALSAT	Adepto SAT de Grado 8 y Subgrado 27
ETASATI	Adepto SATI de Grado
	7 y Subgrado 26
MESSATI	Adepto SATI de Grado
	7 y Subgrado 25
Apóstol SATI	Gabriel Gómez Flores
	Primer Apóstol SATI
	Espacio SAT
MUNSAT	El nombre del Mundo en el SAT
MUNSATI	Gobernante del Munsat
REGSAT	Cada una de las diez
	regiones del Munsat
REGSATI	Gobernante de un Regsat
NASSAT	Cada una de las diez
	naciones de un Regsat.

NASSATI	Gobernante de un Nassat
PROSAT	Cada una de las diez provincias de un Nassat
PROSATI	Gobernante de un Prosat.
SIUSAT	Cada una de las diez ciudades de un Prosat
SIUSATI	Gobernante de una Siusat
DELSAT	Cada una de las diez Delegaciones de una Siusat
DELSATI	Administrador de un Delsat
VARSAT	Cada uno de los diez barrios de una Delsat
VARSATI	Administrador de un Varsat
GETSAT	Cada uno de los diez vecindarios de un Varsat
GETSATI	Administrador de un Getsat
CASSAT	Cada una de las casas de un Getsat
CASSATI	Director de un Cassat
REGSAT PIS	Regsat de Centroamérica
MOR	" Sudamérica
REGSAT TAV	" Surafrica
JEM	" Norafrica
NUR	" Medio Oriente
LOD	" Oceanía
VET	" Lejano Oriente
DIN	" Rusia asiática
SUL	" Europa
CAP	" Norteamérica
REGSATI MOR	Regsati (Gobernante) del REGSAT MOR
NASSATI MEJU	Nassati (Gobernante) del NASSAT MEJU
PROSATI MEJUNO	Prosati del PROSAT MEJUNO
SIUSATI MEJUNOVA	Siusati de la SIUSAT MEJUNOVA
DELSATI MEJUNOVA TO	Delsati de DELSAT MEJUNOVA TO
VARSATI MEJUNOVA TOLI	Varsati del VARSAT MEJUNOVA TOLI
GETSATI MEJUNOVA TOLICE	Getsati d GETSAT MEJUNOVA TOLICE

CASSATI MEJUNOVA TOLICE N   Cassati del CASSAT MEJUNOVA
TOLICE N

NASSATI MEJU *ROME*   Nassati de MEJU de nombre Rome

CASSATI ROME MEJUNOVA TOLICE N   Cassati del Cassat
Mejunova Tolice N de nombre
Rome

ROME MEJUNOVA TOLICE N Nombre propio de un Adepto

Zonas y Edades SAT

ZONAS Ariana, Taureana, Geminiana, Canceriana, Leana, Virgana, Librana, Escorpiana, Sagitariana, Capricorniana, Acuariana, Pisciana.

EDADES Arial, Taural, Geminal, Cancial, Loal, Virgal, Libral, Escorpial, Sagitarial, Capricornal, Acuarial, Piscial.

Claves de los Libros SAT

SatSim: Simbolismo

SatSen: Sendero

SatSoc: Sociesat

SatSan: Sanidad

SatSab: Sabiduría

SatSal: Santidad

SatEpi: Epistemología

SatAxi: Axiología

SatCro: Cronología

SatUni: Universalismo

SatIni: Iniciación

SatJes: Jesucristo

SatCar: SatCarlos

SatMar: María

SatBud: Budha

SatCal: Calendario

SatSut: Sutras

SatMin: Ministerios

SatTec: Tecnosats

SatEva: Evangelio

SatTes: Testimonios

SatPof: Profecías

SatApo 1: Apostolado 1
SatApo 2: Apostolado 2
SatCon: Constitución
SatCom: Conmemoraciones
SatCor: Correctivo
SatTra: Transición
SatRol: Roles
SatPer: Personajes
SatPro: Profesilogía
SatNat: Naturismo
SatPsi: Psicología
SatEdu: Educación
SatAst. Astrología
SatSex: Sexología
SatCic 1: Administración del Ciclo Administrativo 1
SatDep: Actividades del Deporte en el SAT
SatAgo: Actividades de la Agropecuaria en el SAT
SatIng: Actividades de la Ingeniería en el SAT
SatDom: Actividades de la Domestica en el SAT
SatPol: Actividades de la Administración y Política en el SAT
PUSAT: Partido Universal
SatMed: Actividades de la Medicina en el SAT
SatArt: Actividades del Arte en el SAT
SatMil: Actividades de la Milicia en el SAT
SatEns: Actividades de la Enseñanza en el SAT
SatCie: Actividades de la Ciencia natural y formal en el SAT
SatHum: Actividades de las Ciencias sociales y Humanidades en
    SAT
SatRel: Actividades de la Religión en el SAT
MISAT: Misa SAT

CAPÍTULO SEGUNDO

UNIVERSALISMO

NIVELES DE CONOCIMIENTO
UNIVERSALISMO

NIVELES DE CONOCIMIENTO

Hay varios niveles de conocimiento y explicación de los hechos y fenómenos.

Del mas simple al mas complejo y evolucionado, son los siguientes:

1.- Conocimiento instintivo o innato
2.- Conocimiento aprendido
3.- Conocimiento lingüístico
4.- Explicación pragmática
5.- Explicación de sentido común o personal
6.- Explicación mitológica
7.- Conceptualización filosófica
8.- Conceptualización científica
9.- Conceptualización Universalista
10.-Estado SAT de Unión y Salvación

Los humanos han evolucionado y han pasado por los diferentes tipos de explicación de los fenómenos, desde la explicación pragmática del hombre primitivo hasta la explicación científica del humano actual.

Pero con el Sendero SAT Universal inicia el Universalismo o explicación Universalista, que es un nivel de explicación y conocimiento mas evolucionado que todos los anteriores, ya que parte de una base científica y llega a una concepción Universal y Total, que rebasa a la ciencia misma pero sin negarle ni restarle importancia.

O sea, la concepción universalista solo se puede tener junto con la ciencia y a partir de la misma, porque todo lo que no es científico y es puramente mitológico es supersticioso y no universalista.

Pero el Universalismo consiste en unir todo el conocimiento científico y objetivo en estructuras amplias, totales y unificadoras de todos los fenómenos entre sí, hasta llegar a la unidad y sistema universal de Todo lo existente, utilizando Principios y Analogías Universales.

Estos Principios Universales basados en Analogías son formas simples que resumen los sistemas complejos para poder integrarlos dentro de un Todo o Sistema Universal, nombrado Unidad, y que es todo lo existente, con sus múltiples manifestaciones.

Esta Unidad o Totalidad es Dios, pero que se manifiesta en una multiplicidad de formas y manifestaciones, desde la materia hasta el Espíritu, pasando por la vida, el conocimiento, la sociedad, la conciencia y la cultura.

Son analogías de cosas sencillas y concretas que representan a cosas complejas y abstractas.

Analogías basadas en; formas, colores, espacios, números, tiempos, movimientos, lugares, sociedades, astros, objetos, animales y partes del cuerpo entre otras cosas mas, que en forma simbólica integran a lo existente en sus múltiples manifestaciones.

Con estas analogías universales se puede entender la unidad del Universo.

Esta totalidad de analogías universales forman el Universalismo.

Universalismo que se inicia con este libro, y dentro del Sendero SAT Universal, fundado por mi, que soy el Mesías Era de Acuarius de nombre misional SatCarlos.

Estas analogías son las que permiten entender a la Totalidad de manifestaciones de la naturaleza, la sociedad, la cultura, la humanidad y la Espiritualidad en un solo Sistema Universal.

En otras palabras, de lo simple se va a lo complejo, y lo complejo se unifica a través de lo simple, por medio de las analogías y principios del Universalismo.

Pero es necesario conocer realmente los principios científicos de todas las ciencias, como la Física, la Química, la Biología, la Astronomía, la Geología, la Psicología, la Sociología y todas las demás, para que las Analogías Universales pertenezcan al Universalismo y sean objetivas y no solo una serie de supersticiones.

Porque el Universalismo es la integración real de la Ciencia, la Religión, la Tecnología, el Arte, el Deporte, la Administración, el Derecho, la Enseñanza, la Agropecuaria, la Medicina, la Doméstica, el Comercio y todas las actividades humanas en un solo Sistema Universal o Unidad.

UNIVERSALISMO

En las páginas anteriores ya se mencionó que es el Universalismo, que se define como "la integración de todo lo existente en una Unidad a través de analogías".

Y también como "la integración de todas las actividades humanas a través de un solo Sistema Universal".

El Universalismo forma parte del Sistema SAT Universal, así como el Sistema SAT Universal forma parte del Universalismo, según desde la perspectiva que se parta.

A través de la historia de la Humanidad han existido diferentes formas de concebir la existencia, y algunas de estas formas han sido;

- En la Prehistoria del Nomadismo la concepción fue pragmática
- En el Tribalismo apareció la concepción mitológica
- En la Civilización Esclavista apareció la concepción filosófica
- En el Feudalismo tomo fuerza la concepción teológica
- En la Era de Acuarius que surgió con el Capitalismo y luego el Socialismo apareció la concepción científica, y
- Con el surgimiento del Sistema SAT Universal apareció la mas avanzada de las concepciones, que es el Universalismo, así como la Unión que es el Estado SAT, o también nombrado Iluminación, Samadhi, Nirvana, Santidad o Salvación pero con Conocimiento Universal como meta final de la Evolución Humana.

Pero como formas de explicación en cada persona encontramos también varios niveles de explicaciones, así como anteriormente las mencionamos a nivel de la humanidad.

Estas formas de explicación a nivel humano son básicamente;

- Principios personales o de sentido común
- Principios científicos, y
- Principios universalistas

Los principios personales se refieren a verdades y opiniones particulares o del sentido común de cada sujeto, con su propia concepción que tiene del mundo y los fenómenos, debido a la vida, estudios y experiencias que ha tenido.

Los principios científicos son explicaciones del mundo y los fenómenos en forma objetiva y comprobable de alguna forma, y no simples opiniones, sino que deben ser avaladas por la comunidad científica como las mas válidas.

Los principios universalistas son verdades profundas y universales que conciben el mundo y el cosmos como un Todo unido y absoluto o como una sola Unidad, con sus múltiples manifestaciones y formas.

Estos principios universalistas para poder integrar a todo lo existente tienen que recurrir a analogías y correlaciones que permiten integrar a las cosas entre sí.

Estos principios o analogías universales no son perceptibles directamente, sino que se descubren a través del razonamiento, porque están como ocultos a la percepción inmediata.

Como no son perceptibles de manera directa parece como si estuvieran ocultas estas analogías y principios que hay que develar o encontrar, y por eso se dice que muchas veces son Misterios que se develan o descubren a través de Claves.

Estas Claves o Misterios del Universalismo se basan en Símbolos, que descubren lo que está oculto a los sentidos.

También el Universalismo es un tipo de conocimiento total que no se puede entender si no se tienen antes una serie de conocimientos que permitan entenderlo, y por eso el Universalismo se debe ir enseñando paulatinamente conforme el adepto va adquiriendo los conocimientos que le vayan permitiendo ir entendiendo esa integración y Unidad Total.

Esta dosificación del conocimiento del Universalismo hace que para unos sea enseñado y para otros que no podrían comprenderlo antes de tiempo les sea negado u ocultado relativamente, y por eso el Universalismo es además de un conocimiento público y exotérico también un conocimiento esotérico u oculto para personas que no lo comprenderían o que lo utilizarían egoísta y malignamente.

El Universalismo es una síntesis de todas las actividades humanas, pero correlacionada a través de analogías, que a su vez forman otros sistemas de conocimientos, que son como subsistemas del Universalismo. Algunos de estos son;

- Astrología
- Arqueometría
- Cábala
- Numerología
- Cromología
- Teología
- Astrología prescesional

- Ciencianat (ciencia natural)
- Cienciasoc (ciencia social)
- Humanidades
- Religión
- Arte
- Medicina
- Deporte
- Enseñanza
- Tecnología Ingeniería
- Agropecuaria
- Doméstica
- Administración
- Comercio, etc

CAPÍTULO TERCERO

UNION

DIOS

UNIDAD

ÁNGELES

DIABLO

JESUCRISTO

EVOLUCIÓN

INVOLUCIÓN

KARMA Y REENCARNACIÓN

DIOS

A es el nombre principal de la Unidad de Dios.

Dios es la Unidad y el Creador de todas las cosas.

Dios creó el Universo y lo dotó de leyes naturales y sociales para que se autogenerara por si mismo.

Dios es todo lo existente, porque es el Todo y el Absoluto.

Dios es el Todo Unificado.

Como Unidad de todas las cosas es símbolo de la Unión.

Como Unidad de todas las cosas se representa con el UNO.

Uno Total representado por el Círculo de la Unidad, porque el círculo es la única figura básica formada por un solo trazo.

Dios es la Luz Divina y por lo mismo, la Unidad y Dios se simbolizan por Un Círculo Blanco de Luz.

Como Luz Divina Dios se encuentra simbolizado en las Alturas y el Cielo, aunque Dios está en todas partes, porque Dios es todas las cosas al mismo tiempo.

Como Luz Divina es circulo blanco, dorado, amarillo o brillante.

Unidad y Diversidad al mismo tiempo es Dios.

Unidad de Dios que se descompone en múltiples partes para crear el Universo.

Pero sigue siendo la Unidad al mismo tiempo que la diversidad de las formas y manifestaciones.

La primera división de la Unidad de Dios fue la dualidad de los ángeles de Luz y los demonios negros.

Dios es la Balanza de la Justicia Divina, así como el Dios Padre, porque es el Creador de todas las cosas y el protector de todos los seres.

Dios también se representa con el símbolo del sol, como la luz radiante que ilumina el mundo.

La balanza de Dios tiene dos platillos que se inclinan hacia un lado o hacia el otro según sean las obras buenas o malas de los humanos, y con la que juzga a todos.

Dios también estableció la ley del karma, para que cada persona obtenga lo que merece según su obrar en este mundo.

UNIDAD

La Unidad es mas evolucionada que la diversidad.

Uno es el símbolo numérico mas evolucionado junto con el cero.

El Cero porque es el Círculo de Dios, y símbolo de la Nada o Vacío que representa al mismo tiempo la Totalidad.

El 10 sigue siendo el Uno, porque es el Uno de la Unidad de Dios mas el Cero que es el Círculo Divino, que sumados ambos vuelve a dar el Uno.

Por lo mismo, el 10 es el símbolo de Jesucristo, porque Jesucristo es humano y Dios al mismo tiempo.

El Círculo de Dios es también el símbolo del Sol, porque es Luz, está en el Cielo y es el Uno.

Por lo mismo, el Sol es un símbolo activo, mientras que la Luna es un símbolo pasivo.

Porque el Sol emite la Luz y la Luna la recibe del Sol.

La Unidad que es Dios se divide y descompone en una multiplicidad de formas para crear todo lo existente.

La primera división de la Unidad de Dios es la Dualidad, o sea, el Uno se convierte en dos.

La Dualidad que es dos partes se convierte en Dialéctica, que son las dos partes en movimiento.

Todo es dialéctico, porque todo tiene dos polos, que son el activo y el pasivo, o el positivo y el negativo.

Ambos polos se complementan y se oponen interactuando entre si.

Cuando se complementan hay Armonía y Equilibrio, y cuando se oponen hay lucha y conflicto.

Cuando hay lucha se produce el movimiento, y cuando hay movimiento se produce el cambio.

Cuando hay cambio se generan mas cosas y se producen los fenómenos.

Cuando se producen los fenómenos mas se diversifican y mas se generan cosas.

Mientras mas se diversifican mas luchan.

Mientras mas luchan menos se unen.

Mientras menos se unen mas diferentes se hacen.

Mientras menos luchan mas se unen.

Mientras menos luchan mas iguales se hacen.

Mientras mas iguales son y mas se unen mas evolucionan.

Por lo tanto, mientras menos luchan mas evolucionan hacia la Unidad y mientras mas luchan mas se alejan de la Unidad.

Pero mientras mas se desea mas se lucha, y por lo mismo, mientras mas se desea menos se evoluciona.

Por lo mismo la Evolución hacia la Unidad consiste en menos deseo, que genera menos lucha y menos diversidad.

La Meta Final de todo ser es Evolucionar hacia la Unidad, que significa la Unión con Dios.

Lo de arriba es mas evolucionado que lo de abajo.

Lo claro es mas evolucionado que lo oscuro.

La Luz es mas evolucionada que la oscuridad.

Lo sutil es mas evolucionado que lo denso.

Lo espiritual es mas evolucionado que lo material.

El centro es mas evolucionado que la orilla o lo periférico.

Lo simétrico es mas evolucionado que lo asimétrico.

Lo regular es mas evolucionado que lo irregular.

Subir es evolucionar, bajar es retroceder e involucionar.

Lo simétrico es símbolo de orden, lo asimétrico es símbolo de caos.

Dios es orden y el diablo es caos.

Lo fino es mas evolucionado que lo burdo y vulgar.

Lo vacío es mas evolucionado que lo repleto.

El amor es mas evolucionado que la fuerza que es mas burda.

La idea es mas evolucionada que la acción.

El aire es el mas evolucionado de los elementos perceptibles, porque es mas sutil.

El Sistema SAT Universal indica que hay un Orden Universal y que cada uno de nosotros pertenecemos al mismo.

No somos independientes ni ajenos a ese Orden Universal, que se refiere a una Organización o Sistema Universal existente.

Ese Sistema Universal al que pertenece todo lo existente, desde las cosas materiales, hasta los humanos, animales, vegetales, ángeles y Dios mismo es una Unidad Total y Absoluta.

No hay nada fuera de esta Unidad Total o Sistema Universal, y no sentirse dentro de esta Unidad es estar separado y en pecado.

Comprender, sentir e integrarse a la Unidad Total es lograr la Unión.

Obtener esta Unión es alcanzar la Salvación y la Experiencia SAT de Unión, que es lo que nombran como; Unión, Unificación, Salvación, Iluminación, Nirvana, Santidad, Satori, Samadhi y de otras formas mas.

Esta Unión no es únicamente la vivencia espiritual del Samadhi, Nirvana ni otra Vivencia sino el conocimiento amplio y profundo de todo lo que comprende la Unidad, que significa; ciencia, religión, medicina, ingeniería, arte, deporte, humanidades, agropecuaria, administración, etc., que no poseen los sistemas religiosos u orientales actuales, y que por lo tanto no representan esta Unidad realmente.

Pero esta Unidad o Sistema Universal implica que dentro de la misma hay también una Jerarquía Universal.

Esta Jerarquía Universal nos dice que la Unidad Total es a su vez el mismo Dios o Absoluto que se representa simbólicamente como un Circulo de Luz, porque Dios mismo es indescriptible e incognoscible directamente, y solamente a través de símbolos se le puede mencionar y hacer referencia a el.

Círculo de Luz porque el círculo es la única figura que se forma de un solo trazo y queda perfectamente armónica, y de Luz porque la luz representa la Sabiduría del ver y conocer a diferencia de la oscuridad que representa la ignorancia.

Esta Unidad o Dios es una sola esencia o sea es el Uno o Unidad Total, representado por un Circulo de Luz y con el nombre de A, porque es el Inicio de Todo lo existente, o sea, es el Alpha o Inicio de todo.

Entonces la Jerarquía Universal que hay dentro del Sistema Universal inicia con la Unidad Total que es Dios representado como el A dentro del Círculo de Luz, aunque las religiones le nombran de muchas formas, como; Dios, Jehová y otras muchas mas.

Este Sistema SAT Universal menciona que hay un Sistema y Organización Total con una Jerarquía Universal, que es el mismo Dios como esencia, pero que se manifiesta de múltiples formas y apariencias.

En esa Jerarquía Universal donde Dios o A es el Uno Total, hay siete Niveles de Existencia o manifestaciones de la Unidad Total, que son:

- A o la Unidad o Dios mismo
- SA o los Ángeles Celestiales que se manifiestan en los Seres Humanos también como Espíritu Santo
- SAT o Seres Humanos que poseen el Estado SAT de Unión, o Salvación e Iluminación
- Humanos
- Animales
- Vegetales
- Materiales (o entes materiales sin vida)

Entonces saber y comprender que pertenecemos a la Unidad Total dentro de un Sistema Universal es vivir en Unión con la Unidad o Totalidad de todo lo existente, que es estar en Estado SAT de Unión con Dios, los Ángeles, la Humanidad, la Sociedad, la Naturaleza y el Universo, y esto significa pertenecer al Nivel de Existencia de los Seres SAT, que se ubican entre el nivel Ángel y el nivel humano, o sea, entre lo humano y lo divino, que significa estar en Gracia, Santidad y Unión con Dios.

El Sistema SAT Universal es el Sistema de la Unidad y el Sendero que nos conduce a la Unión y Salvación SAT.

Este Sendero SAT o camino hacia la Unión es a través de la Evolución tanto de la Humanidad como de cada ser humano.

En otras palabras, el Sistema SAT Universal es el Sistema Universal de Salvación y Unión a través de la Sanidad, la Sabiduría y la Santidad.

Este Sistema SAT Universal surge en esta Era de Acuarius, porque es cuando la humanidad ya llegó al momento de entender este Sistema Universal por medio del Universalismo fundado por el mismo Sistema SAT Universal y viceversa.

Por eso, el Sistema SAT Universal es el Primer Testamento del Universalismo, que es fundado por SatCarlos, siguiendo básicamente las enseñanzas de Jesucristo y de todas las actividades humanas legadas por la humanidad, pero integradas como el Sistema Universal de Unión en el Sistema SAT Universal, porque es el nivel de existencia SAT el que puede comprender realmente esta Unidad Total.

La Jerarquía Universal menciona que Dios Padre o A tiene que enviar a su Hijo Jesucristo al mundo para salvarnos del pecado, porque como Dios es incognoscible, tiene que encarnarse en un hombre que es Jesucristo para traernos ese mensaje de la existencia de Dios, que Jesucristo menciona como Dios Padre, que lo envió al mundo para redimirlo de sus pecados, donde el pecado del mundo es básicamente la separación de la Unidad esencial e inicial.

Por lo mismo, Jesucristo es hombre y Dios al mismo tiempo, porque Jesucristo es Hijo de Dios y Dios mismo.

Dios se encarnó en Jesucristo lo que significa que Dios se hizo hombre para poder venir a este mundo y comunicarse con los humanos directamente, y de esta forma enseñarles que Dios el que lo envió y que el nombra como Dios Padre es el creador de todas las cosas y que debemos amarlo y obedecerlo a ese Dios Padre y por eso Jesucristo menciona que hay que hacer la Voluntad de Dios Padre que está en el Cielo, porque Dios es la Cima de todo lo existente.

Jesucristo nos enseña que el Sendero hacia la Unión con Dios que es la Unidad Total es a través de su Mensaje, de Amor al Padre Dios, de Amor al prójimo, de Paz con toda la humanidad y naturaleza, de Humildad con todos, de Obediencia a Dios, de Caridad con el prójimo y de Devoción y Fe a Dios y a su Hijo Jesucristo.

Por eso Dios se encarnó en Jesucristo porque así pudo hablar directamente con los humanos, y porque trajo el procedimiento para unirse a la Unidad de Dios, a través de su Evangelio y su ejemplo.

Jesucristo enseñó que el Amor a todos es la base de la Salvación, siendo ese Amor sin límites, al grado que enseñó que se debe amar aun a los enemigos, por lo que demostró como nadie lo ha hecho que el amó aun a los que lo mataron pidiéndole a su Padre Dios "perdónalos, porque no saben lo que hacen".

Jesucristo enseño que el camino a la Unión con la Unidad de Dios es con la obediencia y entrega total a Dios, cuando el acepta voluntariamente por Sacrificio ser Crucificado para que se cumplieran las Escrituras, para redimir el pecado de la humanidad, mostrando obediencia total a su Padre Dios y Amor total a la humanidad, dando su vida demostrando que se debe amar aun a los mas villanos.

Por eso, Jesucristo dijo "Yo soy el Camino, la Verdad y la Vida, y nadie va a Dios sino a través de mí", porque el está enseñando que obedeciendo a Dios y amando al prójimo como el lo hizo es como se logra la Salvación eterna.

Y porque la Jerarquía Universal menciona que para ascender al nivel del Espíritu Santo o Nivel de Existencia SAT hay que entrar por la puerta estrecha que es Jesucristo, siguiendo su enseñanza y amándolo a el, porque el es Dios encarnado y hecho hombre.

Entonces Dios se encarnó en Jesucristo para poder descender al mundo y hablar con los humanos acerca de esa Unidad con Dios y como ascender hacia la Unidad, porque de otra manera no hubiera sido posible enseñársela a los hombres.

Jesucristo sabía que muchas personas no iban a aceptar que pertenecen a esa Unidad y Jerarquía Universal, y que por lo mismo iba a padecer con personas que lo iban a rechazar, a negar, a difamar, a ofender y lo iban a matar, pero el tenía que cumplir su Misión de informar del Reino de Dios a través del Evangelio, y que iba a ser asesinado pero el iba a seguir amando a todos, porque tenía que enseñar que el Camino hacia la Unidad y la Divinidad de Dios es por medio de la Fe, el Amor, la Paz, la Humildad, la Obediencia, el Deber y el Conocimiento del Reino de Dios.

El Sistema SAT Universal esclarece estos principios porque muchos desconocen porque se dice que Jesucristo vino a Salvar a la humanidad del pecado, mencionando que los viene a salvar porque les explica que todo es una Unidad Total o un Sistema Universal, donde hay una Jerarquía Universal, donde cada cosa o ser ocupa un lugar, y rechazar que se pertenece a ese Sistema SAT Universal es estar en pecado, es estar separado de Dios y es vivir siguiendo al maligno diablo que quiere a toda costa separarnos de la Unidad con Dios, empezando por rechazar a Jesucristo y su evangelio y después no obedeciendo las enseñanzas de Paz, Amor, Humildad, Deber, Devoción que Cristo primero trajo al mundo, cuando en ese tiempo que apareció en la tierra la humanidad se basaba en el uso de la fuerza y la violencia como medios principales de vida, y Jesucristo vino a enseñar que es mas grande e importante la Paz y el Amor que la fuerza y la violencia, demostrándolo con el ejemplo total.

Entonces el Universalismo del Sistema SAT Universal enseña que todo lo existente es una Unidad Total o un Sistema Universal, y que nada existe fuera de esta Unidad.

Que la Unidad es Dios mismo, y que para vivir en la Unidad se debe lograr la Unión.

Unión que es la Salvación del ser humano y de todo lo existente.

Que esa Unión se logra siguiendo el Sistema SAT a través del Sendero SAT o "Camino de perfeccionamiento SAT".

Que empieza ese Sendero de Salvación SAT siguiendo a Jesucristo porque el es Hijo de Dios y Dios mismo, encarnado, y que a través de Él se asciende hacia el Estado SAT de Santidad y de Unión a la Unidad y la Divinidad.

Que la Unidad se convierte en Diversidad para que exista todo lo existente, creando primero, Niveles de Existencia con una Jerarquía Universal.

Que hay una Jerarquía Universal que tiene en la Cima de todo a Dios o A como nivel Uno, y después a los otros seis niveles de existencia, que son; SA, SAT, humano, animal, vegetal y material.

Que los humanos tienen que vivir en Unión con esa Unidad y que los que no conozcan que hay un Sistema Universal al cual pertenezcan lo sepan.

Y que los que sepan que pertenecen a un Sistema Universal y no lo acepten o no apliquen sus principios son personas en pecado, que pueden ser atraídos por el maligno diablo que desea que no haya una Unidad total de Dios y por eso los trata de alejar de el Sistema SAT Universal, de la Unidad, de Dios y de Jesucristo, argumentando que estos pecadores son lo mas importante de la existencia y que no tienen porque obedecer a nada ni a nadie, ni pensar que hay una jerarquía superior a ellos, porque el diablo los llena de soberbia y egoísmo para que rechacen toda enseñanza de Unidad, de Jesucristo, de Paz y de Amor, diciendo que no deben someterse a nadie, porque ellos deben ser mas grandes que todo.

ÁNGELES

El Círculo de Luz símbolo de Dios se divide primeramente en dos mitades, que forman la Dualidad.

Esa Dualidad está conformada por los dos polos que son la mitad derecha de los Ángeles de Luz y de Paz y la mitad izquierda que son los demonios negros de maldad.

Los ángeles son criaturas puramente espirituales, sin materia e invisibles a los ojos humanos, que superan en perfección a todas las criaturas visibles y materiales porque están junto a Dios.

Los ángeles son servidores y mensajeros de Dios.

Estas dos mitades del círculo de Dios son dos semicírculos.

Dios había creado solamente a los ángeles de luz, que lo acompañaban en la eternidad, pero uno de estos ángeles de nombre Luzbel por envidia y soberbia deseo igualarse a Dios, por lo que Dios lo envió a los infiernos y los que lo siguieron dejaron de ser ángeles y se convirtieron en demonios.

A partir de esta división se generó la lucha entre el bien y el mal.

Los Ángeles son seres inmateriales que solamente poseen Espíritu y son como Luz radiante blanca, pero no son perceptibles por los sentidos humanos.

Estos ángeles realizan las órdenes que Dios les da en la conducción de todo el Universo.

Dios rodeó a Jesucristo de ángeles "Cuando el Hijo del Hombre venga en su gloria acompañado de todos sus ángeles" (Mt. 25:31), porque los ha hecho mensajeros de su designio de Salvación "¿Es que no son todos ellos espíritus servidores con la misión de asistir a los que han de heredar la salvación" (Hb. 1:14).

Desde la Encarnación a la Ascensión, la vida de Jesucristo el Verbo encarnado está rodeado de la adoración y del servicio de los ángeles.

Dios dice "Adórenle todos los ángeles de Dios" (Hb. 1:6), y sus cánticos de alabanza desde el nacimiento del Salvador Jesús no han cesado y participan continuamente en su vida, a través de muchas formas, como; proteger la infancia de Jesús, servirle en el desierto, reconfortándolo en su agonía, evangelizando también como es anunciando la Navidad y la Resurrección entre otras cosas mas.

Desde el principio de los tiempos y a lo largo de toda la historia de la salvación los encontramos anunciando de lejos o de cerca la salvación.

Los principales en manifestarse al conocimiento de la humanidad son los Arcángeles, de los cuáles los principales son:

- Arcángel Miguel, que es el líder de todos los Ángeles y que por lo mismo es el que representa la lucha contra el diablo. Este Arcángel Miguel es el que simboliza a la manifestación de Acuario.

- Arcángel Gabriel, que es el que recibió el encargo de Dios de presentarse a la Virgen María para la Anunciación del nacimiento del Salvador Jesucristo Nuestro Señor, de la siguiente manera. "José el esposo de María, quién era un hombre justo, no queriendo difamarla pensaba repudiarla secretamente. Cuando esto pensaba se le apareció en sueños un ángel del Señor, diciéndole: "José, hijo de David, no temas recibir a María tu esposa, porque el ser que ha sido engendrado en ella, es obra del Espíritu Santo. Dará a luz un hijo, a quién pondrás el nombre de Jesús, porque el librará de sus pecados a su pueblo". Este Arcángel Gabriel es el que simboliza a la manifestación de Géminis.

- Arcángel Rafael, que es el que simboliza a la manifestación de Libra.

- Arcángel Luzbel, que por rivalizar con Dios, este lo envió a el Abismo de el Infierno y la oscuridad, y se convirtió en el mayor símbolo del mal, adquiriendo el nombre de Lucifer, o también nombrado el Diablo, que es el jefe de todos los demonios y los que desobedecieron a Dios. Simboliza a la manifestación negativa de Escorpio. A partir de que Luzbel se convirtió en Lucifer y que otros ángeles lo siguieron, estos otros ángeles se convirtieron en demonios o "ángeles negros o caídos". Dios después lo sustituyó por Samael.

- Arcángel Machidiel, que simboliza a la manifestación de Aries.
- Arcángel Anael, que simboliza a la manifestación de Tauro.
- Arcángel Muriel, que simboliza a la manifestación de Cáncer.
- Arcángel Uriel, que simboliza a la manifestación de Leo.
- Arcángel Verchiel, que simboliza a la manifestación de Virgo.
- Arcángel Azrael, que simboliza a la manifestación de Sagitario.
- Arcángel Ambriel, que simboliza a la manifestación de Capricornio.
- Arcángel Barakiel, que simboliza a la manifestación de Piscis.

Son doce los arcángeles, ya que cada uno es el Arcángel protector de las personas de cada signo zodiacal en general, aunque cada persona tiene un Ángel de la Guardia personal, asignado por Dios.

Sin embargo son cuatro tipos de Ángeles los que existen, que son:

- Arcángeles
- Ángeles
- Serafines, y
- Querubines

DIABLO

El Diablo también nombrado como; Lucifer, Satanás, Demonio, y de muchas formas mas es el adversario de los Espíritus de Luz, Amor y Paz, o sea, el adversario de los Ángeles Celestes y Divinos.

El Diablo es una esencia mas que una cosa, pero se le representa como un mounstruo negro que es una combinación de alacrán-víbora-dragón-bestia-vampiro, con cuernos, cola de escorpión y alas de vampiro.

En el jardín del Edén se presenta como una víbora que engaña a Adán y Eva.

Jesucristo lo describe diciendo a sus apóstoles "Vi al Diablo cayendo del Cielo como un rayo. Mirad que os he dado el poder de pisar sobre escorpiones y serpientes y sobre todo el poder del enemigo, y no os hará ningún daño, pero no os alegréis que los demonios se os sometan, mas bien alegraos de que vuestros nombres están registrados en los cielos" (Lc. 10:18-20).

El Diablo es lo peor y mas bajo que existe, porque es el máximo representante de la maldad.

Luzbel se convirtió en el Diablo o Lucifer cuando por envidia y orgullo quiso ser igual de grande que Dios, por lo que se convirtió en el adversario de Dios mismo y este lo envió a el Infierno que es el lugar mas bajo y profundo, donde solo reina el negro de la oscuridad, y donde se queman las almas pecadoras que no logran salvarse por toda la eternidad.

La dualidad hizo que los ángeles de luz vivieran en el cielo y los demonios negros vivan en el infierno, que es la parte mas baja y oscura de todo lo existente.

El diablo en su soberbia y maldad cuando fue desterrado de los cielos en lugar de reconocer su error, aumentó su maldad y quiso tener igual que Dios a sus servidores y adoradores, y por lo mismo se hizo de toda una serie de demonios de los ángeles que lo siguieron.

Permanentemente el Diablo quiere conseguir mas adoradores que los que tiene Dios, y por eso trata de obtener mas almas que se vayan al infierno donde el habita, y para eso, inspira la maldad en las personas para que compitan, agredan, violen, sean soberbios, rebeldes, inmorales, cínicos, rencorosos, o que sean brujos adoradores de el, y muchas estrategias mas que emplea para tal fin.

La esencia del Diablo es el egoísmo, porque busca únicamente beneficiarse el mismo, y lucha contra todo aquél que se le oponga, y por eso la característica que poseen los que tiene mas el espíritu del Diablo que de Dios es la competitividad, debido a la envidia, celos y orgullo que poseen.

Pero el Diablo es falso, y se presenta ante los demás como un ser encantador, bueno y amable, y muchos de sus seguidores de alguna manera lo imitan, aparentando ser buenos pero en el fondo son maliciosos.

Mientras mas beneficios alguien busca para si mismo y menos para los demás, mas cerca del demonio está.

Por eso el camino espiritual debe ser de total servicio a los demás sin esperar nada a cambio, y queriendo ser el que menos tiene y el último de todos, porque el que mas renuncia a los beneficios del mundo mas se acerca a la Gracia de Dios.

Hacer el bien es alejarse del Diablo y acercarse a Dios., pero dañar a alguien y después hacerle un bien no es ninguna obra buena ya que solamente es reparación del daño que se hizo.

El que compite con alguien por lograr mas ya está haciendo automáticamente el mal, incluso si se compite por ser mas bueno o mas humilde también se está haciendo mal, porque toda competencia es síntoma de egoísmo, aunque por lo que se compita aparentemente sea algo bueno y justo.

Bueno es el que acepta que otros son mejores y tengan mas y le da gusto que así sea y les reconoce a los demás sus méritos y logros.

Bueno es también el que se esfuerza y trabaja para cumplir con su obligación de la mejor manera, pero sin competir, y sin esperar que le den lo mas fácil y cómodo y a los demás les den lo mas difícil y desagradable.

Peor aún es el que daña intencionalmente a los demás y los agrede de cualquier forma.

El que aparenta ser bueno manipulando egoístamente a otros tiene el doble defecto de ser malvado y a la vez mentiroso y manipulador.

JESUCRISTO

Llegada la plenitud de los tiempos, Dios envió al mundo a su Hijo Jesucristo, para salvar a la humanidad y redimirla de sus pecados.

Dios a visitado a su pueblo y ha cumplido las promesas hechas a Abraham y sus descendientes enviando a su hijo el Mesías Cristo Jesús anunciado para salvación del mundo.

Jesús el Cristo nació en Belén, del pueblo de Israel, del vientre de María Virgen, después de la anunciación que Dios le hizo a María a través del Arcángel Gabriel, y que sería concebido por el Espíritu Santo.

Nació en tiempos del Rey Herodes el Grande y el emperador romano Cesar Augusto I.

Su padre putativo (no biológico) fue José de oficio carpintero y mayor de edad que su esposa María.

Tres astrólogos siguiendo la estrella de Belén lo encontraron y le llevaron regalos de; oro, incienso y mirra, porque sabían que era el Dios mismo encarnado.

Jesús, María y José huyeron de Belén a Egipto porque Herodes mandó matar a Jesús, matando con ello a muchos bebes inocentes.

Al regreso de Egipto una vez que Herodes murió, Jesús con sus padres se fue a vivir a Nazaret de Galilea, que era la tierra de María, y donde Jesús vivió toda su infancia, por lo que le decían Jesús de Nazaret o "el nazareno".

A los doce años Jesús se les perdió por tres días a sus padres, que después lo hallaron en una sinagoga de Jerusalen donde asombraba a los judíos con su Sabiduría.

A los treinta años empezó su Misión, siendo bautizado por Juan en el río Jordán, y donde descendió sobre su cabeza el Espíritu Santo en forma de paloma, y donde Dios dijo en el Cielo "he aquí a mi Hijo en quién he puesto mis complacencias".

Después se retiró al desierto donde ayunó durante cuarenta días, y donde el Diablo lo quiso hacer que desobedeciera a Dios tentándolo con ofrecimientos de riquezas y poder, pero que Jesucristo las rechazó completamente.

Eligió a sus doce apóstoles, que eran la mayoría pescadores, y que les dijo que se convertirían en pescadores de hombres.

Sus doce apóstoles fueron Andrés, Mateo, Tadeo, Bartolomé, Jacobo, Tomás, Felipe, Judas Iscariote, Santiago, Pedro, Juan y Simón.

A Pedro lo eligió como el mayor de ellos y a el le entregó las "Llaves del Reino de Dios".

En un monte dio su enseñanza principal a la que se le denomina el "Sermón del monte", donde menciona las bienaventuranzas del Reino de Dios y como alcanzarlas.

Hizo milagros, curó enfermos, resucitó muertos y dio enseñanzas de Amor a Dios y al prójimo.

Se transfiguró en el monte de los olivos, uniéndose a Dios.

Hizo el pacto de Comunión en la Última Cena con sus apóstoles.

Fue traicionado por Judas Iscariote que lo vendió a los fariseos por treinta monedas de plata, y lo entregó dándole hipócritamente un beso en la mejilla.

Después fue juzgado por los fariseos y por Poncio Pilatos que era el procurador romano en Judea. Pilatos no halló ninguna culpa en él porque no la tenía, pero los fariseos dirigidos por Anas y Caifás le inventaron testigos y culpas falsas, prefiriendo liberar de la prisión al asesino Barrabás que a Jesús que era sin mancha ni pecado.

Fue torturado y crucificado en el monte del Gólgota, en medio de dos ladrones, después de haber sido azotado y humillado colocándole en la cabeza una corona de espinas y un manto de color púrpura (violeta).

Murió y fue sepultado en la tumba de su amigo José de Arimatea, y al tercer día resucitó de entre los muertos., presentándose a sus discípulos, a los que mandó a predicar por todas partes el Evangelio.

Ascendió al Cielo, donde se encuentra sentado a la derecha de Dios, y prometió regresar al mundo para salvar a los buenos y justos.

"Yo soy el Camino, la Verdad y la Vida, y nadie va al Padre (Dios) sino a través de mi" dice Jesucristo, indicando que el es Dios mismo hecho hombre y que es a través de El como se puede llegar a la Unión con Dios.

El nombre de Jesús significa "Dios salva", lo que quiere decir que el nombre mismo de Dios esta presente en la persona de su Hijo hecho hombre para la Redención universal y definitiva de los pecados.. El es el nombre divino, el único que trae la salvación y puede ser invocado por todos porque se ha unido a todos los humanos por la encarnación, de tal forma que no hay bajo el cielo otro nombre dado a los hombres por el que nosotros podamos salvarnos.

EVOLUCIÓN ESPIRITUAL

Todo lo existente es una sola Unidad y Totalidad que tiene una gran diversidad de manifestaciones y formas, pero que cada una de estas son una parte del Gran Todo que es Dios, y que se simboliza con el Círculo blanco, el número Uno y la A dorada.

Se simboliza a Dios y el Todo con el símbolo del sol, porque es círculo luminoso dador de vida.

Dios como el sol se encuentran en el Cielo y las Alturas.

Pero aunque Dios está en los cielos también está en todo lo existente, porque Dios es la Creación y la Vida misma.

La primera división de la Unidad se produjo cuando Dios lanzó de los Cielos hacia el infierno a Luzbel convirtiéndolo en el diablo Lucifer.

Esta primera división de la Unidad provocó la Dualidad, que son los opuestos que al entrar en lucha e interacción continua se convierte en Dialéctica.

Esa dialéctica se convierte en la generadora permanente de todo, porque es movimiento continuo.

Por eso mismo la dualidad y dialéctica se convierte en la Génesis Universal, multiplicando todo permanentemente.

Fue de esta manera que Dios creó todas las cosas a través de la dialéctica permanente.

Desde entonces todo el Universo está multiplicado y debe regresar a la Unidad Total, y por eso la meta final de toda la Evolución es regresar a la Unión.

La Involución busca separar, dividir y desunir, y la Evolución busca la unión a la Unidad.

Este eterno movimiento de los opuestos no solamente es entre lo bueno y lo malo sino entre lo complementario entre sí, como el principio del Yen Yin (o Yin Yang), que es lo activo y pasivo, o lo masculino y femenino, que son partes complementarias de un todo.

Se simboliza esta primera división de la Unidad con la partición del Círculo en dos semicírculos, de los cuáles uno es el de los Ángeles y el otro es el de los demonios (que no son mas que ángeles caídos por la soberbia).

El Infierno también nombrado Abismo o Averno como lo opuesto a los Cielos, el Paraíso o la Gloria se ubico en lo mas bajo y profundo, y como opuesto a la Luz se convirtió en las tinieblas y la oscuridad total.

Dentro de la multiplicidad de partes y generatividad continua, algunos seres buscan reintegrarse nuevamente a la Unidad Divina inicial, y otros eligen continuar en la separatividad y dividir mas alejándose de Dios.

La Direccionalidad de retorno hacia Dios da lugar a la Ley de Evolución, que es la Ley del Ascenso hacia las Alturas, la Unidad y el Todo, o sea, hacia la Perfección.

La dirección de la Evolución se simboliza con un Triangulo con la punta hacia arriba, donde la base contiene a los menos evolucionados que son mas y la cima contiene a los mas evolucionados que son menos.

Este Triángulo de Evolución indica que lo mas evolucionado está arriba y lo menos evolucionado está abajo.

Este Triángulo de Evolución representa perfeccionamiento continuo, porque la punta hacia arriba es una indicación permanente de la Ascensión a las Alturas.

También representa a la Divina Trinidad, que es símbolo de Perfección.

Divina Trinidad de Dios Padre, Dios Hijo y Dios Espíritu Santo.

Divina Trinidad de Sat o Voluntad Divina, Chit o Inteligencia Universal y Ananda o Amor Espiritual.

Divina Trinidad de Brahma, Shiva y Vishnu entre otras formas mas de representación de la Perfección.

Este Triángulo de Evolución o de la Divina Trinidad se convierte en la Pirámide Iniciática de Evolución.

Uno es el Circulo Blanco de Dios y la Unidad, dos son los Ángeles y demonios en dialéctica generativa de todas las cosas y tres es la direccionalidad que eligen los seres hacia la Evolución a la Unidad en el triángulo de la Pirámide Iniciática con la punta hacia arriba o hacia la Involución del infierno con la punta hacia abajo.

La Evolución o proceso de perfeccionamiento se da a través de transiciones, o pasos de mejoría de lo mas simple a lo mas complejo, o de lo menos evolucionado a lo mas evolucionado.

A las transiciones continuas hacia la evolución se le denomina transicionismo, y todo lo existente esta en una cadena transicionista de las estructuras, con sus funciones y movimientos permanentes.

El Triángulo de la Evolución indica que hay siete grandes niveles o reinos que marcan la grandes transiciones que hay, y que son:

- Reino o Nivel de Existencia de A, también nombrado Dios
- Reino o Nivel de Existencia de SA, también nombrado Ángel
- Reino o Nivel de Existencia de SAT, o Humanos Iluminados
- Reino o Nivel de Existencia Humano o Especie Humana
- Reino o Nivel de Existencia animal
- Reino o Nivel de existencia vegetal
- Reino o Nivel de existencia material (o materia sin vida)

Los Niveles de Existencia de Dios y los Ángeles son Reinos invisibles y no perceptibles con los sentidos humanos, y los niveles humano, animal, vegetal y material son reinos visibles y perceptibles.

En el Reino o Nivel de Existencia SAT es perceptible la parte material del sujeto que es la persona humana, pero es invisible desde afuera del sujeto el Estado SAT que experimenta, porque el Nivel SAT es un nivel de existencia intermedio entre lo humano visible y los ángeles invisibles, porque es el Espíritu Santo (de los Ángeles) dentro del cuerpo material del humano.

Porque el Estado SAT es el Vacío de Iluminación o Nirvana, donde la materialidad desaparece.

El nivel material posee solamente materia.

El nivel vegetal posee materia y vida.

El nivel animal posee materia, vida y conocimiento (mente).

El nivel humano posee materia, vida, conocimiento (mente) y valoración (conciencia).

El nivel SAT posee materia, vida, conocimiento (mente), valoración (conciencia) y SAT (Espíritu (Santo)).

El nivel SA (Ángel) solamente es Espíritu.

El Nivel A (Dios) es todo lo existente.

Entonces la Pirámide Evolutiva a través del Transicionismo permanente es un ascenso continuo de los seres hacia la Unión de Dios.

Pero también hay Involución que en lugar de ser ascenso hacia las Alturas y la Unidad de Amor y Paz de Dios es descenso hacia el abismo, el mal, la separatividad y la oscuridad de Lucifer.

La Involución es un triángulo pero con la punta hacia abajo.

Pero tanto Evolución como Involución están siempre presentes en el Universo porque esa es la síntesis de lo existente, que se representan en el macrocosmos, que a su vez se representa con la Estrella de seis puntas, que algunos nombran estrella de David.

En esta Estrella de David del Macrocosmos están los dos triángulos intercalados, el de la Evolución y el de la Involución.

Pero la Estrella de David es solo una parte del Gran Mandala SAT, porque este Mandala es la Síntesis Universal de todas las cosas.

Para que los humanos conocieran el Camino hacia la Unidad, Dios envió a su Hijo Jesucristo para enseñar a la Humanidad el Sendero de Salvación por el Amor, la Paz, la Humildad y la Devoción a Dios a través de su Hijo Jesús.

Jesucristo está en la Cima de la Pirámide Iniciática del Triángulo de la Evolución donde solo puede haber Uno para todos los tiempos, porque El es el único Ser Perfecto y Él es el único Dios encarnado, o sea, el único Dios hecho hombre.

Jesucristo es el Único Grado 10 y subgrado 33 de todos los tiempos en la Pirámide Iniciática.

El ascenso y descenso en la Pirámide Iniciática se rige por medio de la Ley del Karma.

Esta Ley del Karma indica que todo lo que se hace tiene siempre un efecto, y que nada queda eximido de su consecuencia.

El Karma dice por lo tanto, que si nos comportamos mal obtendremos nuestra consecuencia o castigo tarde o temprano, y que si nos comportamos bien también tendremos nuestra consecuencia positiva o premio tarde o temprano.

El Karma dice que si no obtenemos la consecuencia de nuestros actos en esta vida, la tendremos en otra vida, pero que siempre se tendrá esa consecuencia, que no se puede evitar.

Al nacer llegamos con un Karma determinado formado en otras vidas, y ese Karma que traemos es el que va a indicar en que nivel o escalón de la evolución iniciamos nuestra vida.

Nuestro Karma es como una hoja en blanco, que cuando pecamos o cometemos un comportamiento indebido manchamos nuestra hoja blanca, y cuando nos comportamos positivamente limpiamos esa hoja manchada.

Pero mientras mas la manchamos mas difícil es desmancharla, y mas bajos somos.

Cuando nuestro expediente personal u hoja de nuestro karma queda limpia completamente ya no volvemos a nacer, o sea ya no reencarnamos, y nos unimos a los ángeles del cielo.

Pero mientras estemos manchados por nuestras faltas y culpas estaremos renaciendo permanentemente en este mundo, que algunos nombran "valle de lagrimas", porque comparado con la beatitud del Cielo de los Ángeles es un verdadero valle de sufrimientos.

El que alcanza el estado SAT elimina el sufrimiento de su vida y desmancha su expediente del karma bastante o totalmente.

Pero el proceso evolutivo Dios no lo hizo lineal, sino que estableció Ciclos de Tiempo, para poder organizar al Universo de manera mas adecuada.

Todo lo que sucede se produce en Ciclos, donde algo empieza, llega a su máximo desarrollo, pasa a otro nivel o declina y finalmente termina para empezar otro ciclo nuevo.

Algunos de estos ciclos son:

- Ciclo Crístico o Gran Año Cósmico de 25920 años
- Ciclo anual o año de 365 (o 366) días
- Ciclo diario o día de 24 horas (o 12 bioras)

En el Ciclo Crístico Jesucristo es el único en la Cima del Universo, porque el es el único Grado 10 y subgrado 33, porque el es el Mesías Cristo.

Este Ciclo Crístico se divide en doce Eras Prescesionales de 2160 años cada una, las cuáles son las siguientes; Cancius, Géminus,

Taurus, Arius, Piscius, Acuarius, Capricornius, Sagitarius, Escorpius, Librus, Virgus, Leus.

De las cuáles estamos en la era de Acuarius, que empezó el día 25 de marzo de 1441 d/c a las 6:00 hrs., y que terminará en el año 3600 d/c.

En cada Era prescesional de 2160 años, Dios envía a un Mesías Era o Mesías de la Era, que esta por debajo del Mesías Cristo Jesucristo, porque el Mesías Era es por solo 2160 años, mientras que el Mesías Cristo es por 25920 años.

El Mesías Era tiene la misión de conducir a la humanidad de acuerdo a los tiempos que esta viviendo la humanidad de acuerdo al signo de la Era, así como para seguir el mensaje de Jesucristo por siempre.

Entonces la Evolución de la Humanidad traducido en la Pirámide Iniciática tiene a un Mesías Cristo Jesucristo y a doce Mesías Era.

El Mesías Cristo Jesucristo es Grado 10 y subgrado 33, y los Mesías Era son Grado 9 y subgrado 32.

El Mesías Era de Acuarius es SatCarlos, que es Grado 9, subgrado 32.

Los Mesías Era anteriores han sido:

- En Era Cancius (no existió porque aún era tribal el mundo)
- En Era Géminus "   "   "   " "   "   "   "
- En Era Taurus "   "   "   " "   "   "   "
- En la Era de Arius fue Abraham que nació en Ur Mesopotamia, pero que fue enviado por Dios a Cannan, donde hoy es Israel y Palestina.
- En la Era de Piscius fue Budha, nacido donde hoy es Nepal, pero que básicamente su enseñanza fue en la India.
- En esta Era de Acuarius es SatCarlos, nacido donde hoy es México.

En la Pirámide Iniciática hay diez grados, siendo el único

Grado 10 Jesucristo Nuestro Señor, y los Mesías Era Grado 9, y de ahí para abajo los otros 8 Grado Iniciáticos.

El triángulo de la Evolución se convierte en la Pirámide Iniciática convirtiéndolo en escalones, que son los grados de ascenso de los Iniciados.

En la Pirámide Iniciática de la Evolución hacia la Unidad, la ley del Karma marca el ascenso o descenso en la misma, y los que llegan al Grado Iniciático 8, 9 y 10 se convierten en Sats o Iluminados.

Estos seres humanos que se convierten en Sats, que son los Iluminados que alcanzan el espíritu Santo o Estado SAT ya no reencarnan, sino que al morir se integran al Coro Celestial o de los Ángeles de Luz.

Los que no alcanzan el Estado SAT vuelven a reencarnar, o sea, vuelven a nacer.

La Evolución es el ascenso hacia la Espiritualidad y la Involución es descenso hacia la materialidad.

Lo mas espiritual es menos material, o sea, menos denso y mas sutil o invisible, mientras que lo mas material es mas denso y mas visible y tangible para los sentidos.

Por eso es que los valores elevados y del Espíritu son menos visibles en el mundo, como son, el amor, la devoción, la humildad, la paz, el deber, la justicia, mientras que los valores mas bajos son mas perceptibles a los sentidos, como la riqueza, el placer o el poder.

Por esa razón es que las personas mas bajas prefieren los valores mas bajos y materiales, como el placer o la riqueza, mientras que las personas mas evolucionadas y elevadas, prefieren valores mas sutiles y elevados, como; el conocimiento, la devoción, el amor, la paz, el deber, la honestidad o la justicia entre otros, que aparentemente no se reflejan en mas logros externos, pero que proveen de mas logros y dichas internas para el Espíritu.

Esto significa que las personas vulgares y bajas moralmente no sienten interés por los valores del conocimiento, de la devoción ni del deber, sino que solo prefieren los valores del placer, el reconocimiento, el poder y la victoria, como los animalitos que carecen de espiritualidad.

Lo material se representa con el cuadro de la materialidad, porque representa a los cuatro puntos cardinales, o sea, representa al mundo material y de los sentidos, mientras que lo espiritual se representa con el Triángulo de la Pirámide Iniciática de la Evolución o el Círculo de Dios.

La Materialidad no es negativa en si misma, sino que es la base en donde se da la Espiritualidad, ya que en la materia se asienta el espíritu, aunque después el espíritu mismo rebasa a esta materia.

Sin embargo, del desarrollo de la materialidad se deriva el desarrollo de la espiritualidad, por lo que las naciones que tienen un mayor desarrollo material también tienen un mayor desarrollo espiritual, porque cuando la materialidad suple las necesidades básicas del individuo entonces se pueden desarrollar las necesidades espirituales de los mismos.

INVOLUCIÓN

Involución es la dirección que se aleja de Dios, la Unidad y la Perfección, y que retrocede, porque se acerca a la degeneración, la destrucción y la maldad.

La mayor involución posible es el Diablo o Lucifer, que es el mayor símbolo de maldad, rivalidad, odio, venganza, celos y rebeldía que hay en toda la Eternidad.

El Diablo y sus demonios (ángeles caídos o negros) residen en lo mas bajo y profundo que existe, que es el Infierno o Abismo.

Este Infierno es el lugar de la oscuridad y las tinieblas, y desde donde el Diablo busca también ser adorado como Dios, por lo que también tiene su Pirámide, pero que está invertida, o sea al revés.

Por lo que mientras en el mundo de la Involución cada vez que alguien cree avanzar realmente lo que hace es descender mas.

Por ejemplo, una persona negativa cuando se convierte en asesina cree que ya es mas poderosa o mas fuerte, pero realmente se hace cada vez peor, y cuando este asesino se convierte en gangster o terrorista porque mata a muchos mas, este llega a creer que es aún mas fuerte, pero lo que hace es hacerse aún peor y mas demoniaco.

Las personas que niegan la Divinidad de Jesucristo son personas sin saberlo (o sabiéndolo) malignas, que seguramente están siendo conducidas por el Diablo y manipuladas por él sin que se den cuenta, porque Jesucristo vino al mundo como Dios hecho hombre para salvar a la Humanidad, pero el Diablo engaña a muchos haciéndolos que rechacen al Hijo Único de Dios que es Jesucristo Nuestro Señor.

Por eso los opuestos a los Sacerdotes de Jesucristo son los brujos y adoradores de Lucifer.

Y el opuesto de Jesucristo es el Anticristo, que va a venir al mundo a decir que Jesucristo no es Hijo de Dios sino un profeta mas o un hombre sabio simplemente, quitando la esencia misma de Jesucristo, que es su Divinidad.

El Anticristo será seguramente una encarnación de Lucifer, así como Jesucristo es una encarnación de Dios mismo.

También el Diablo tiene sus adoradores directos e indirectos en el mundo.

Los adoradores directos son los que adoran a Lucifer, y que son brujos, hechiceros y demás.

Los adoradores indirectos son los que niegan la Divinidad de Jesucristo, los que se oponen a la religión cristiana, o los que son asesinos, terroristas, competitivos, egoístas, escorpiónidos, soberbios, delincuentes, etc.

Las principales características de Lucifer y sus seguidores, son:

- la maldad, que es la intención de dañar a otros, no como castigo justo a actos malignos de los mismos, sino producto de odios y egoísmos
- la competitividad y rivalidad, derivada del egoísmo de querer ser mas y tener mas que los demás siempre
- la envidia cuando se convierte en actos de agresión a los que se envidia, porque la envidia que no actua contra otros no es maligna sino un sufrimiento solamente
- el egoísmo, que es la causa de todos los demás defectos del ser humano
- el orgullo, que es carecer de humildad y no reconocer que otros son mejores y tienen mas logros y cualidades que uno mismo, y por lo mismo, sentir hostilidad hacia los que nos

superan, aunque no nos superen por un afán de competencia, sino porque tienen otras virtudes y logros

- la agresividad y violencia que es el mayor defecto que existe, y que hace a la persona agresiva la peor de todas y las mas cercana a Lucifer, porque siempre que una persona agrede a otra sin motivo, está posesionada por el alma de Lucifer

- El sarcasmo, que es una agresividad sutil, que además de maligna, es cobarde y vil, porque se dicen cosas con el fin de dañar, pero se disfrazan de broma o de platica normal y hasta amistosa

- La rebeldía sin fundamento, que es lo que mas caracteriza a las personas egoístas y agresivas, porque no aceptan que en todo debe haber un orden, organización y jerarquía que se debe seguir y obedecer para que haya armonía y eficiencia social por el bien de todos

- El engaño, que se realiza para obtener de los demás beneficios egoístas. Formas de engaño son la manipulación, la hipocresía, la mentira y otras mas

- La venganza, ya que la mente maligna esta pensando como vengarse de alguien, aunque lo que le hizo no tiene importancia realmente, ni va a solucionar nada, mas que el placer maligno de ver dañado al otro, y que realmente no merece ese acto vengativo

- El odio y el rencor que es el egoísmo de no saber perdonar ni comprender los defectos ajenos

- Los celos, que se deben al egoísmo de no querer que la otra persona sea feliz a su propia manera

- La obsesión y necedad de no saber superar algo que ya sucedió y que realmente ya no posee importancia

- Y la crueldad que es cuando el sujeto está realmente poseído por el demonio a grado tal de no tener un límite en su agresión y maldad hacia los demás

Por lo mismo, Lucifer introduce en los humanos estos horribles defectos para que se conviertan en seguidores indirectos de el, y poder llevarlos al infierno donde el se encuentra y desde ahí atormentarlos por toda la eternidad, porque del sufrimiento ajeno se alimenta el alma maligna del Diablo y de las personas malvadas.

La mayor Involución es la mayor oscuridad y negrura, así como la mayor bajeza y vileza que existe.

KARMA Y REENCARNACIÓN

Todo acto que se realiza tiene consecuencias tarde o temprano.

Todo esta en relación con todo, y cuando alguien hace algo por mínimo que sea, ese pequeño acto tendrá una consecuencia en la persona que lo realizó, en la misma magnitud del acto realizado.

Todo comportamiento negativo y agresivo contra los demás tarde o temprano se pagará, así pase un segundo, una año, una vida o muchas vidas.

La persona que le hace un mal a otra tendrá una deuda pendiente que no desaparecerá hasta que no tenga su consecuencia o castigo en esta vida o la otra.

Es mejor reconocer nuestros errores y aceptar el castigo correspondiente de inmediato, sino acumularemos muchas deudas y después sufriremos muchísimo.

Mientras mas deudas negativas tengamos y mas actos positivos hayamos hecho, mas evolucionados y felices seremos, y en cada vida futura naceremos con un nivel superior.

Si mejoramos nuestros comportamientos en cada vida, en cada nueva vida seremos cada vez mejores.

Cuando una persona ha purificado su vida y pagado todas sus deudas, así como también ha hecho mucho bien, esta persona ya no nace en este mundo de sufrimientos y bajeza material, sino que se reintegra al grupo de los Ángeles de Dios, donde la dicha es muchísimo mayor a lo que se puede lograr en este mundo del cuerpo animal y la conciencia egoísta.

Uno reencarna o vuelve a nacer en un nivel mas evolucionado y feliz, o mas involucionado y sufrido, según como hayan sido sus actos en vidas anteriores.

Hay personas que hacen mucho daño y aparentan o hacen creer que no lo han hecho, pero en la Ley del Karma y de Dios no pueden ocultar sus malas intenciones ni malos comportamientos, y tarde o temprano la Ley Divina les cobrará y castigará por la doble falta de dañar y engañar a los demás.

Aceptar con amor y resignación los sufrimientos que Dios nos envía y aun así seguir siendo buenos y positivos con los que nos dañan es la mejor manera de evolucionar hacia la Divinidad, ya que si las personas nos dañan es porque estamos pagando por un mal que hicimos anteriormente en esta vida o en otra, o porque Dios nos está poniendo a prueba en nuestra tolerancia y amor, para poder alcanzar las virtudes santas si pasamos esas pruebas, que a veces son difíciles.

Cada persona se perjudica o beneficia a si misma por sus propios actos que realiza.

Uno mismo debe tratar de liquidar sus deudas por actos negativos, y la mejor manera de hacerlo es primeramente reconociendo que se hizo el mal en la magnitud que se hizo, después pedir disculpas a la persona que se daño, así como reestablecerle el daño causado, y solo así se podrá limpiar un poco el karma acumulado y formado por la acción.

Pero lo ideal no es disculparse y arreglar el mal hecho, sino que lo mejor es no cometer dicho error.

Es un error creer que si a alguien se le hace daño en algo y después se le hace bien en otra cosa queda librado del karma negativo del primer acto, ya que ese karma negativo permanece hasta que no se pague con lo mismo que se produjo y no con un acto diferente.

La única forma de eliminar el karma negativo de un acto realizado es reparando el daño exacto de lo que se hizo después de haber pedido disculpas abierta y directamente al afectado.

Aunque nunca queda totalmente eliminado el karma negativo, ni aunque se repare completamente el daño hecho y se pida disculpas claramente al afectado, porque alguna mancha quedará aunque sea mínima si se reparó totalmente el daño.

Se puede nacer con un karma positivo o negativo, pero también se puede perder el karma positivo en esta vida si se comporta mal el sujeto, o pagar mucho karma negativo si la persona actua muy bien en la vida presente.

Que tanto bien hacemos por los demás es la cantidad de karma positivo que acumulamos, y que tanto mal hacemos a los demás es la cantidad de karma negativo que acumulamos.

Competir o rivalizar produce mucho karma negativo, ya que competir es un acto de egoísmo, así como colaborar es un acto positivo de amistad y amor.

Aclarar el mal que le hace otro a uno mismo en defensa justa y amable no acumula karma negativo, siempre y cuando en la aclaración no se dañe o agreda intencionalmente al otro.

Si alguien nos hace daño y no nos molestamos y no le reclamamos de ninguna manera elimina el karma negativo que teníamos de otras vidas anteriores.

Si le hacemos daño a alguien y esa persona nos ataca debemos tolerar a esa persona y comprender su enojo y ataque que nos merecemos porque le hicimos un daño injustamente, y así pagaremos gran parte del karma que habíamos acumulado recibiendo el castigo justo al acto cometido.

No permitirle a la persona que dañamos que nos castigue o ataque es no pagar el karma negativo, y aumentarlo mas, ya que mientras mas tiempo se pase en permitirle a la persona que dañamos que descargue su ira justa hacia nosotros mas karma acumularemos.

La cantidad de odio que le engendremos a otra persona por nuestra mala voluntad o nuestro egoísmo o agresividad será la cantidad de karma negativo que acumularemos, y aumentará mas mientras menos posibilidades le demos a la otra persona de descargar con nosotros el odio o daño que le produjimos por nuestro egoísmo o agresividad.

Esto significa que odiar genera karma negativo, pero generar el odio en alguien por maldad, agresividad o egoísmo genera mucho mas karma aún.

Las personas que sienten remordimientos por el mal que hicieron son mas evolucionadas que las que no sienten remordimiento de sus malos actos, porque están menos atrofiadas en su capacidad de amar.

También las personas que no actuaron mal y que saben que no actuaron mal y aclaran que no actuaron mal no generan karma negativo por la aclaración que hagan, aunque esta aclaración las personas egoístas la consideren una agresión.

Si una persona hace sufrir a otra porque dice las cosas tal y como son o porque hace valer un reglamento o un valor positivo sin la intención de dañar, no acumula karma negativo porque no está comportándose mal, sino que la persona a la que se le dice la verdad o el valor positivo y se ofende no es sabia ni buena, y esa si que acumula mas karma negativo por negarse a aceptar los valores positivos y las normas y reglamentos para vivir mejor.

El nivel de los valores y virtudes que una persona tiene marca el nivel evolutivo que la persona tiene, así como su nivel de karma positivo que posee.

Así vemos que las personas que desean competir o dañar a otras traen un karma muy negativo acumulado.

Incluso hay personas tan bajas, involucionadas y con tanto karma negativo, que se enorgullecen de derrotar a otros e incluso de dañarlos.

Las personas que anhelan victoria y poder sobre los demás son bajas, malvadas, egoístas y con karma negativo, aunque crean que son positivas y buenas.

Las personas que quieren sacar ventaja sobre los demás dejando que los demás sean los que se esfuercen y trabajen y ellos obtener todo fácilmente y con comodidad están generando karma negativo y son egoístas y malvadas.

Las personas buenas y que generan karma positivo les gusta trabajar y prefieren ser ellos mismos los que se esfuercen y padezcan y sufran y no los demás.

Las personas justas, trabajadoras, comprensivas, educadas, con fe en Cristo y pacíficas traen y generan un karma positivo, porque son evolucionadas.

Las personas muy buenas que todo lo perdonan, que no son obscenas, ni con marcados deseos sexuales, que ayudan a los demás, que les evitan la envidia, los celos y el odio a otros, que son estudiosas, trabajadoras, nunca competitivas, sin anhelos materiales, ni deseo de atenciones personales, amantes de Dios, la verdad, la razón y las leyes son las mas evolucionadas y con mas karma positivo.

Estas personas si siguen gran parte de su vida siendo positivos, y pagando el karma negativo de vidas pasadas y actual, pueden llegar a la Salvación y Estado SAT, con la posibilidad que se integren al Coro de los Ángeles de Dios cuando dejen esta vida.

La competencia es siempre mala y negativa, aunque sea competencia por ser mas buenos, mas justos y mas serviciales, porque la finalidad es tener mas logros como persona buena que los demás y por lo mismo, es una muestra de egoísmo.

Aunque es preferible que se compita por ser mas bueno a que se compita por ser mas poderoso, aunque en ambos casos es una forma de egoísmo y rivalidad.

La personalidad competitiva o tipo escorpión es competir por ser mejor y tener siempre mas que todos, pero esa es una personalidad malvada porque aunque se realicen obras buenas en apariencia, la finalidad profunda es ser reconocido como persona mejor o mas buena, lo que automáticamente la convierte en personalidad malvada.

Las personas que evitan vengarse de un mal recibido anteriormente pagan mucho karma y avanzan mucho en la vida.

Es bueno esforzarse por ser mejor y mas bueno, pero nunca como una competencia por ser mejor o mas bueno que los demás, porque eso lo hace automáticamente malo.

Cuando se sufre mucho sin que parezca que se lo merezca uno realmente, puede deberse a dos razones, que son; primero, a que se está pagando karma negativo acumulado en otras vidas, o segundo a que Dios está poniendo a prueba a la persona para ver de que manera responde a las pruebas que le envía, y en base a eso ascenderlo mas en la escala evolutiva.

Hay personas buenas que tienen muchos obstáculos y sufrimientos en la vida, no porque deban karma negativo, sino porque Dios los está poniendo a prueba, y si aprueban ascienden a un nivel superior.

Jesucristo Nuestro Señor que es Dios mismo hecho hombre fue enviado por su Padre Dios al mundo para que padeciera muchos sufrimientos y agresiones de los demás, y demostrar que por Amor se puede perdonar todo, como cuando perdonó a los mismos que lo estaban asesinando, diciendo "perdónalos porque no saben lo que hacen", ya que esta prueba de sacrificio por los mas malvados es la máxima prueba de Amor y Perdón.

El que pertenece al Sendero SAT Universal es mas evolucionado que el que no pertenece al mismo, porque siente amor por la vida Superior, Divina y Verdadera, que es Jesucristo Nuestro Señor y la Síntesis universal de Unión y Salvación SAT.

La mejor forma de evolucionar y generar karma positivo y eliminar karma negativo es practicando el sendero SAT Universal, sus sutras y sacramentos.

Reencarnar es después de morir y pasado un tiempo nacer en otro cuerpo y vida nueva.

Eso explica porque una persona por ejemplo, nace ciega, hija de padres malvados y en la pobreza y otra persona nace sana, bella, con padres buenos y en la riqueza, ya que aún no genera karma en esta vida presente porque acaba de nacer.

MESIAS DE ERA

Los Mesías de Era están por debajo del Mesías Cristo Jesucrito, porque solo Jesucristo es Dios hecho hombre.

Los Mesías de Era son Grado Iniciatico 9, mientras que el Mesías Cristo es Grado Iniciático 10.

Los Mesías de Era son la Guía para la Humanidad durante una Era Prescesional de 2160 años, mientras que el Mesías Cristo Jesucristo es el Guía de la Humanidad por siempre o por 25920 años que es un GAC o Gran Año Cósmico.

Los únicos tres Mesías de Era que han existido, son:

- Abraham que fue el Mesías de Era de Arius
- Budha que fue el Mesías de Era de Piscius, y
- SatCarlos que es el Mesías de Era de Acuarius

Los Mesías de Era son seres humanos no divinos, pero con la Misión de dar las bases o esencia de la Era que representan.

En cada Era Prescesional solamente hay un Mesías de Era, por lo que el único Mesías de Era de Acuarius es SatCarlos.

GRADOS INICIATICOS

Hay 10 Grados Iniciaticos, y el único Grado Iniciático 10 es Jesucristo, con Subgrado 33

Los Mesías de Era son Grado Iniciático 9, con Subgrado 32

Las Madres de los Mesías son Grado Iniciático 9, con Subgrado 31

Los Magnustas son Grado Iniciático 9, con Subgrado 30, y son Magnusats por los 180 años que dura una Subera.

Los Iluminados, como Supersats, Grandsats y Anualsats (que pueden ser; Santos, Genios, Héroes, Ídolos, etc, son Grado Iniciático 8

Los Apóstoles del SISATUN son Grado 7, y son 72 Apóstoles càda 15 años.

El Primer Apóstol del Sistema SAT Universal es Gabriel Gómez Flores.

-Gabriel Gómez Flores: Primer Apóstol de la Laboriosidad

-Rosa Margarita Smith López: Primer Apóstol de la Higiene

-Miguel Ángel Gómez Flores: Primer Apóstol de la Rectitud

-Enrique Pimentel Flores: Primer Apóstol de la Economía

-María de los Ángeles Flores y Velásquez: Virgen y Primer Apóstol de la Paz

-Carlos de Jesús Pimentel Flores: Mesías de Era y Primer Apóstol del Conocimiento

-María Elena Pimentel Flores: Primer Apóstol de la Abnegación

-Martín García Cuevas: Primer Apóstol de la Fortaleza

-Gabriel Gómez Velásquez: Primer Apóstol de la Simpatía

-Manuel Salvador García de León Higuera: Primer Apóstol de la Alegría

-Ernesto Flores Delgado: Primer Apóstol de la Amistad

CAPÍTULO CUARTO

TRANSICIONISMO

TRANSICIONISMO

EVOLUCIÓN

HUMANIZACIÓN

CIVILIZACIÓN

ESPIRITUALIZACIÓN

ERA DE ACUARIUS

TRANSICIONISMO

Todo está en transformación de manera continua y constante, y nada de lo que actualmente existe existió igual en el pasado.

Todo lo que actualmente existe viene o es derivación de lo que existió en el pasado, que no era lo mismo, pero que generó lo actual y presente.

Incluso las piedras mas sólidas y duras en el pasado (muy remoto) fueron diferentes a lo que actualmente son.

Y esta transformación continua se debe al proceso de nombre transicionismo.

La diferencia entre una mosca y una piedra no está en que la mosca cambie y la roca no, sino que una cambia en siete días (o sea, la mosca nace, crece, se reproduce y muere totalmente en siete días), mientras que una roca para que cambie requiere de millones de años.

Pero ambas cambian y se transforman pero a diferentes velocidades (una en solo pocos días y la otra en millones de años).

A ese cambio permanente se le nombra transicionismo, que es una serie de transiciones o cambios continuos a través del tiempo y el espacio.

Igualmente el ser humano no siempre fue así como es en el siglo XXI, sino que hace cientos de miles de años era un pitecantropus, o sea mas parecido a los otros primates y monos que al humano actual, y se fue transformando muy lentamente hasta llegar a su forma actual, que tampoco es la última y acabada, sino que sigue cambiando y transformándose continuamente.

La Teoría Transicionista (creada por mi (Carlos Pimentel)) explica que lo primero que apareció fue la materia, después la vida, después el conocimiento, después la valoración y finalmente el espíritu.

Esto en otras palabras significa que, primero apareció la materia o el universo físico y el planeta Tierra, con sus montañas, océanos, tierras, minerales, y demás materias no vivas.

Después surgió dentro de la materia surgió la vida, principalmente las primeras plantas y seres unicelulares, con sus árboles, hierbas, flores y demás.

Enseguida apareció el conocimiento (dentro de los nuevos seres nombrados animales), porque el conocimiento es solamente una de las funciones de la vida, pero la mas especializada de todas las funciones de la vida, debido a la aparición de un sistema nervioso (desde algunos muy rudimentarios hasta otros mas avanzados). Este conocimiento es de varias formas y grados de complejidad, desde los conocimientos instintivos, o los conocimientos por aprendizaje, hasta llegar a los conocimientos creados y lingüísticos. A todo el conjunto de conocimientos que un ser vivo posee se le nombra mente.

Posteriormente apareció dentro de la mente o grupo de conocimientos de los seres animales otro tipo que fue mas especializado, que fueron los conocimientos de tipo valorativo o valoraciones. Estos conocimientos valorativos o valoraciones son los valores humanos, porque solo los seres humanos los poseen. Y su aparición (según mi teoría Transicionista) marca el surgimiento de la especie humana (que yo nombro Homo Humanis).

A todo el grupo de valoraciones de una persona le nombro conciencia.

Materia, vida (o soma), conocimiento (o mente), valoración (o conciencia), surgieron todas por un transicionismo o evolución, a través del tiempo.

Pensar que el hombre apareció en la tierra tal y como es actualmente es una tremenda superstición y mente retrógrada, porque está totalmente demostrada la evolución humana desde primates inferiores hasta el humano actual (que sigue perteneciendo a la orden de los primates).

Estas investigaciones antropológicas son tan evidentes que solo los locos, ignorantes, anticuados y fanáticos pueden negar o rechazar.

El espíritu es lo último en aparecer en este mundo Tierra, y es una parte de la conciencia, pero igualmente mas especializada.

En otras palabras, el espíritu está dentro de la conciencia, que a su vez está dentro de la mente, que a su vez esta dentro del soma (cuerpo con vida), que a su vez está dentro de la materia.

Esto quiere decir que si no hay un cuerpo material y vivo no puede existir una mente, ni conciencia, ni espíritu, porque la conciencia no es una cosa flotante e invisible fuera del cuerpo humano, sino que es una función del cuerpo humano.

Esta explicación hace ver que los supersticiosos que ven al alma (mente y conciencia juntas) fuera del cuerpo humano (o sea, en todas las cosas) desconocen por completo las cosas, y sus ideas solo son fantasías y mitos, pertenecientes a las sociedades tribales y primitivas y no a las sociedades avanzadas, ni acuarianas.

Esta explicación de espíritu, conciencia, mente, cuerpo y materia cada una dentro de la otra mas amplia y general es una explicación verdadera, científica y materialista.

Materialista, porque dice que hasta la conciencia se encuentra dentro de la materia, como una de sus funciones mas complejas, avanzadas, evolucionadas, y desarrolladas, que no tienen ni las cosas inmateriales, ni las plantas, ni los animales, para eliminar la idea absurda, anticientífica y retrograda de "el alma de las cosas", como en el Animismo, donde los humanos tribales dicen "el alma de la montaña" por ejemplo, o en otras religiones, que le atribuyen alma a muchas cosas erróneamente.

Aquí la palabra materialista no se refiere al uso común de la palabra, que creen que se refiere a pensar solamente en ganar dinero y comprar cosas materiales, o en negar la existencia de Dios, ya que el materialismo no niega (en el fondo) a Dios ni a la conciencia, pero explica que la conciencia es una de las funciones de la materia y la vida, y no algo ajeno a la misma.

En otras palabras el materialismo científico es la explicación objetiva y verdadera de las cosas, que no niega los procesos subjetivos ni a Dios forzosamente

En la Síntesis Universal de Unión y Salvación SAT la explicación de las cosas es científica y de tipo materialista (o sea realista), y el desarrollo del espíritu es a través de la Espiritualidad y la Religión, basada en Jesucristo Nuestro Señor básicamente, así como en otros Iluminados como el Budha.

Antes de esta Síntesis SAT, la humanidad se dividía entre religiosos esotéricos (que explicaban la realidad de manera supersticiosa) y científicos tecnólogos que la explicaban de manera atea (sin Dios ni Espíritu Santo), mientras que el SAT integra ambas en su área de explicación, porque es la Síntesis Universal.

El Transicionismo nos indica que en todo lo existente hay una cadena transicionista de estructuras con sus funciones y movimientos.

Que todo lo existente posee por lo menos una estructura o forma parte de una estructura mayor.

Que estas estructuras están siempre ubicadas en un espacio o un tiempo determinado.

Que estas estructuras poseen una o varias funciones.

Que las funciones de las estructuras en el paso del tiempo producen transformaciones continuas.

Y que si las transformaciones de estas estructuras son de estructuras mas simples a estructuras mas complejas, entonces estos cambios o transformaciones son transiciones.

Así vemos que, desde la aparición de la Tierra hasta las actuales manifestaciones del humano, hay una serie de estados o puntos intermedios en la cadena de estructuras.

El Transicionismo nos indica que todo lo existente está constituido originalmente de estructuras primeras, como los átomos o aún menores a estos, que dan origen a todo lo existente, debido a la cadena transicionista.

Las funciones de las estructuras son básicamente el movimiento de las mismas.

Si no existiera el movimiento, no existiría mas que las estructuras primeras, ya que la formación de las estructuras complejas se debe al movimiento y combinación de las estructuras simples.

Hay varios tipos de movimiento según su grado de complejidad, que son; reacciones, respuestas, conductas y comportamientos.

Las reacciones son los movimientos que realiza la materia como materia (o sea, sin vida), las respuestas son el movimiento que realizan los entes con vida (como vida simplemente y aún sin el uso del conocimiento) como los vegetales, las conductas son los movimientos que realizan los seres con implicación del conocimiento (como los animales y humanos), y los comportamientos son los movimientos que realizan los seres con uso de las valoraciones (o sea, con conciencia) que son únicamente los seres humanos.

Resumiendo, los entes con las estructuras y movimientos que realizan son:

- Materiales (entre ellos los minerales) tienen materia y realizan reacciones
- Vegetales tienen materia y vida (soma) y realizan reacciones y respuestas
- Animales tienen materia, vida y conocimiento (mente) y realizan reacciones, respuestas y conductas
- Humanos tienen materia, vida, conocimiento y valoraciones (conciencia) y realizan reacciones, respuestas, conductas y comportamientos, y
- SATs (o Humanos Iluminados) tienen materia, vida, conocimiento, valoraciones y espíritu y realizan reacciones, respuestas, conductas, comportamientos y el Estado SAT.

En mi libro del Transicionismo se explica detalladamente en que consisten estos movimientos, estructuras y entes, y aquí solamente se mencionan de manera somera, porque no es el objetivo de este libro ahondar en el Transicionismo.

El Transicionismo y el Universalismo son los dos modelos (que forman uno solo en si mismos) que explican el primero el proceso diacrónico de transformación de todas las cosas a través del tiempo y el segundo que nos explica la totalidad de las cosas a través del espacio (o sea, lo sincrónico). De la unión de ambas llegamos a la Síntesis Universal de Unión y Salvación SAT.

De esta manera, Transicionismo, Universalismo y Síntesis SAT nos dan la totalidad de todas las cosas, que a su vez son una sola de nombre Unidad, Unión o Dios (A).

Estos tres grandes modelos para entender la Totalidad (por mi creados), son la única forma de entender realmente todo lo que existe y sucede, y sin estos modelos (teórico-fácticos) las explicaciones de las cosas, sucesos y seres son imprecisas, irreales, ignorantes y supersticiosas, como las que hay actualmente.

Por lo mismo, la Síntesis Universal de Unión SAT es la Guía de la Humanidad en la Era de Acuarius, porque en esta Era todas las explicaciones deben ser forzosamente científicas, universalistas y transicionistas, porque de otra manera pertenecen a épocas anteriores de la humanidad, donde lo que imperaba era el oscurantismo y la superstición, y que sin embargo, actualmente siguen existiendo en todas las sectas, ideologías, creencias, culturas, líderes y pensadores de la humanidad increíblemente.

Es ridículo observar la gran cantidad de libros supersticiosos que actualmente hay en las librerías y que una enorme cantidad de personas consumen y toman por cierto todas las barbaridades y supersticiones que sus autores dicen, nada mas porque se les ocurrió imaginar una serie de fantasías absurdas que después sin ninguna ética escriben como ciertas y no como producto de sus fantasías.

El SAT, Transicionismo y el Universalismo no son dogmas, y si la ciencia descubre alguna diferencia en el proceso transicionista que modifique una explicación científica de las mismas, el SAT, el Universalismo y el Transicionismo aceptan esa variación y ajuste, porque el Universalismo no se refiere a cada fenómeno, sino a Principios y Esencias Universales.

Pasando ahora a el transicionismo fácticamente hablando, empezamos comentando como se forma y transforma una estrella, para lo cuál nos basamos en una teoría que dice lo siguiente:

En el espacio hay nubes de gas y polvo cósmico, de las cuáles sus partículas tienden a atraerse y comprimirse, y que al comprimirse mucho generan un incremento de la energía y la temperatura, generando su luz y radiación.

Después, la misma temperatura elevada produce una presión que tiende a expandir a las partículas, estableciendo así un equilibrio entre la contracción y la expansión, quedando formada en esta fase la estrella de hidrógeno.

Después, continúa el proceso contrayéndose mas la estrella, y convirtiéndose en mas brillante por lo mismo.

Cuando se comprime mucho, las temperaturas se hacen elevadísimas, por lo cuál la estrella adquiere una nueva fuente de energía por radiación (ya no por fuerzas gravitacionales como anteriormente), sino debido a reacciones de fusión nuclear.

Estas fusiones transforman el hidrógeno de la estrella en helio, formándose ahora una estrella de helio.

Cuando ya solamente existe el helio, las capas exteriores de la estrella se enfrían y se expanden bastante (porque ya no hay fuerzas gravitacionales), surgiendo así una nueva estrella de nombre Gigante Roja.

Ahora al quedar expandidas las partículas vuelve a surgir la atracción de las mismas hacia el núcleo (debido a leyes gravitacionales nuevamente). Pero ahora la compresión llega hasta el núcleo, quedando muy reducida la estrella pero muy radiante, por lo que ahora surge una nueva estrella de nombre Enana Blanca.

Permanentemente continúa la contracción y expansión, reduciéndose continuamente la estrella, debido a que continúa perdiendo energía debido a la radiación que está emitiendo.

Hasta que llega el momento en que ha perdido toda su energía y radiación, quedando convertida en una masa de hierro, sin luz ni radiación, desapareciendo así como estrella.

De esta manera se ha formado nuestro Sol, que actualmente parece que se encuentra en la fase de Enana Blanca.

La Tierra explican algunas teorías que fue un pedazo de otro astro lanzado al espacio (probablemente nuestro mismo sol), que entró en la gravitación de nuestro sol, empezando a girar alrededor del mismo, y sobre su mismo eje, por el mismo impulso con que fue lanzada.

La materia incandescente de que estaba formada al estar girando se redondeó y las reacciones químicas, empezaron a generar los diversos elementos de que está compuesto el planeta Tierra, entre ellos el agua que se precipitó sobre los huecos formando de esta manera los océanos, mares, lagos y ríos entre otros, que no se cae al espacio vacío debido a las leyes gravitacionales.

De esta manera se formaron (por reacciones físico-químicas) los vientos, los suelos, y todas las otras cosas que hay en nuestro planeta Tierra.

EVOLUCIÓN

Varios biólogos mencionan como es que surge la vida a partir de las combinaciones químicas de la materia, y concretamente de aquellas que contienen el elemento químico del carbono, apareciendo primero substancias como el metano, el etano y otros cada vez mas complejos hasta que aparece la primera célula u organismo con las características de la vida.

Ya en las primeras manifestaciones de la vida (albúminas) existe la propiedad de responder a algunos estímulos externos y permanecer indiferente a otros.

Esta cualidad de responder a unos y a no otros es una cualidad de la vida que diferencia a la materia viva (orgánica) de la materia no viva (o inorgánica), denominada Selectividad.

Esencialmente en las albúminas se responde a los influjos que integran el proceso metabólico (lo que implica una organización de la materia viva).

A esta propiedad de responder a las substancias que integran el proceso metabólico para la vida (como a substancias nutritivas, luz, calor, etc.) se le nombra Irritabilidad.

Siendo esta propiedad de las primeras (o la primera) de la materia orgánica.

La vida vegetal que responde con acentuado intercambio a las influencias bióticas (vivas), no lo hace cuando se trata de influjos accesorios del proceso metabólico. Ella no se orienta activamente en el medio circundante, y puede morir por falta de luz o humedad, incluso si las fuentes de una u otra están a corta distancia pero sin ejercer efecto directo sobre la misma.

Esta forma pasiva convierte a los movimientos de los vegetales en únicamente respuestas, porque solo la presencia del estímulo directo externo desencadena o produce sus desplazamientos (o sea, hay únicamente la utilización de la estructura somática).

A diferencia de la vida vegetal donde se responde únicamente a los estímulos necesarios para la vida, está la vida animal, que no solo responde a los estímulos necesarios para la vida, sino que también lo hace ante los no bióticos y "neutrales", siempre y cuando estos señalicen la aparición de influjos vitalmente importantes.

En otras palabras, los animales (hasta los mas elementales) se orientan activamente (cambiando de lugar) en las condiciones del medio ambiente, y "buscan" los influjos vitalmente importantes, y actúan ante todos los cambios del entorno que encierran señales premonitorias de la aparición de esas condiciones.

Aquí ya pasamos al estudio de los movimientos de tipo conducta, porque estos movimientos anteceden a la recepción del estímulo "buscado", lo cuál implica el manejo de conocimientos almacenados previamente, lo que implica la utilización de la estructura cognoscitiva (de conocimientos o mente).

Esta facultad de responder a los influjos "no bióticos" se le nombra Sensibilidad.

Un sistema nervioso reticular y posteriormente un sistema nervioso ganglionar da lugar a que aparezcan "programas de conducta" en forma de impulsos motrices que se difunden por la cadena de ganglios del animal, los cuáles coordinan un segmento del cuerpo cada uno, y todos a su vez están dirigidos por el ganglio central.

Este ganglio central da lugar a la aparición de animales con un sistema nervioso cefálico que perfecciona las conductas mediante el amplio manejo de la información.

Las excitaciones provocadas por los influjos que inciden en los aparatos receptivos de los animales se difunden por los filamentos nerviosos y llegan al ganglio delantero, que codifica los impulsos y los transmite a los complejos sistemas de programas innatos de conductas subyacentes a los movimientos adaptativos de los animales.

Algunos ejemplos de conductas innatas son; los tropismos, los automatismos, las pautas de acción fija, los instintos, etc.

Hay condiciones de la vida terrestre que hacen insuficientes e inadecuados los programas innatos de conducta, por lo que se hace necesario ahora el analizar la información afluyente, y establecer nuevas conexiones de información, asegurando así nuevas formas de conducta individualmente variable.

Esa readaptación individual de los animales al medio requiere la utilización del encéfalo, formador de un almacén de información nueva, adquirida por cada organismo y productor de conductas aprendidas.

Esta subestructura que almacena información extraída de las acciones y estimulaciones del organismo, continúa dependiendo directamente de las estimulaciones del medio ambiente.

Algunas de las conductas que utilizan esta subestructura son; los hábitos, la conducta operante, etc..

En los mamíferos superiores la orientación en las condiciones medioambientales no se deriva directa-

mente de las pruebas motrices, sino que empieza a antecederlas una actividad orientadora previa (interior) durante la cuál empieza a elaborarse el esquema resolutivo para el problema, mientras que las pruebas motrices o actividades musculares se van a derivar de esa actividad orientadora estructuralmente compleja.

Estas funciones orientadoras previas a la ejecución se realizan por medio de esquemas cognoscitivos lógico-matemáticos, acerca de las acciones interiorizadas, o por medio de sistemas simbólicos de representación de las acciones y los objetos, como lo es a través del lenguaje.

Este o "estos" lenguajes, que son sistemas de conocimientos creados (porque no existen por si mismos en la naturaleza) no son exclusivos del humano, ya que la mayoría de los animales poseen alguna formas de lenguaje (rudimentarias pero ya lenguajes).

Pero la superioridad del lenguaje humano (o comunicación) reside en la capacidad del humano para utilizar muchísimos mas signos lingüísticos en infinitas posibilidades de expresión, mientras que los animales (no humanos) deben limitarse a la información de muy pocos signos lingüísticos de forma generalizada, como ciertos ruidos y movimientos que representan una gama muy amplia de significados.

Esta subestructura (teórico-conceptual) del conocimiento creado (básicamente del lenguaje), le permite transmitir al ser humano la experiencia e información a otros hombres y adquirir experiencias en informaciones de otros sin haber vivido dichas experiencias (por ejemplo, conocer que hay un lugar de nombre Nueva York, aunque nunca haya ido a ese lugar).

Este conocimiento creado lingüístico le permite el descubrimiento de fenómenos no observables por los sentidos directamente (por ejemplo, una persona sabe de la existencia del átomo o del planeta Urano, aunque nunca los haya visto).

Cuando el conocimiento lingüístico se hace muy extenso surge dentro del mismo un tipo de conocimientos muy especializado que se nombran como valoraciones o valores, y que solo las posee el ser humano.

Este tipo de nuevos conocimientos nombrados valoraciones forman en su conjunto lo que es la conciencia de cada individuo, y que tienen la cualidad de no ser estas valoraciones necesarias para la supervivencia biológica de la especie, sino que sirven para la vida cultural de los individuos básicamente.

El funcionamiento de la conciencia implica el funcionamiento de la mente, el soma y la materia, porque esta conciencia es parte de esta mente, soma y materia.

Resumiendo, podemos decir a grandes rasgos (y sin las suficientes investigaciones aun) que:

- la materia inorgánica realiza solamente reacciones
- los vegetales y órganos del cuerpo animal realizan hasta respuestas solamente
- los animales invertebrados tienen conductas innatas básicamente y alguna formas de conducta aprendida y hasta simbólicas en forma rara (como en el caso de las abejas)
- los animales vertebrados como los peces y anfibios tienen básicamente conductas innatas, pero también programas de conducta aprendida y escasos sistemas de representación
- los vertebrados ya sean reptiles, aves o mamíferos tiene una amplia gama de conductas aprendidas y conductas innatas aún, pero ya sus sistemas de representación simbólica son mas amplios.
- Y por último solo el ser humano tiene comportamientos (que implican valoraciones y el uso de valores humanos), porque es el único que los posee, por lo que tiene una conciencia que emite comportamientos de importancia cultural y sin importancia para la supervivencia puramente biológica,

como pertenecer a una religión u otra o de preferir algunos rituales o colores diferentes a los que prefieren otros seres humanos para la misma actividad.

Aunque esto es filogenético a nivel de las especies biológicas, también en forma ontogenética en el ser humano se sigue esta progresión de movimientos desde el momento de nacer, ya que el recién nacido solamente tiene conductas innatas, y de inmediato empieza a adquirir conocimientos para tener conductas adquiridas y posteriormente empieza a aprender los conocimientos lingüísticos que va a usar durante toda su vida.

Aunque ya sus juicios valorativos propiamente dichos los adquiere después de la adquisición del lenguaje básico, convirtiéndose en juicios de tipo valorativo antes de la etapa escolar (de los 4 a los 6 años de edad aproximadamente).

HUMANIZACIÓN

La evolución de los animales primates no humanos a los primates humanos fue aproximadamente así:

De los prosimios primitivos se originaron las familias de los tupaidos y los lemúridos, que eran primates sin la forma actual de los monos, sino parecidos mas bien a los zorros.

Después de estas aparecen las familias de los tarsidos, de los cebidos y de los cercopitecos, que ya presentan la apariencia actual de los monos o simios.

Después aparecen los monos antropoides, que tienen varias familias, de las cuales una es la de los póngidos (como; el chimpancé, el gorila, el orangután y el gibón), y otra es la de los homínidos.

Hace unos millones de años habían estos primates homínidos, que vivían en los árboles.

Hace aproximadamente dos millones de años había ya una especie dentro de los homínidos de nombre *australopitecus*, que se puede considerar aún mas cercana a los monos que a los homo sapiens, pero ya mas parecida a estos últimos.

En esos tiempos hubo cambios climáticos que hicieron que la cantidad de árboles y bosques se redujeran, y por lo tanto, estos monos antropoides tuvieron que empezar a vivir en tierra firme y ya no en los árboles.

En tierra firme tuvieron que caminar cada vez mas con sus piernas y cada vez menos con sus brazos.

De esta manera, los brazos les quedaron libres para realizar otras actividades con las manos.

Las manos libres empezaron a usarlas cada vez mas en agarrar objetos, que hizo que estas manos se fueran desarrollando paulatinamente.

Hubo hace aproximadamente un millón y medio de años (1,500,000 años) una especie intermedia entre el homo sapiens y el mono, de nombre *pitecantropus* (pitecus=mono y antropus=hombre), que por sus características se observa que era mitad mono y mitad humano.

El *zinjantropus* es un individuo de estos pitecantopus que se considera que es el hombre mas primitivo que se ha encontrado y que se puede considerar como el primero descubierto que atravesó el punto intermedio hacia la aparición del humano actual.

Al caminar ya solamente con las piernas después de miles de años, la postura se fue enderezando y haciéndose mas erecta, por lo que apareció una especie previa al homo sapiens que se denomina como *homo erectus*.

El uso frecuente de las manos produjo un desarrollo acelerado del cerebro, aumentando gradualmente el tamaño del cráneo, principalmente en la zona frontal, y haciendo a estos individuos mas hábiles en la manipulación de los objetos, por lo que se puede decir que surgió la especie denominada como *homo habilis*.

Con mayor capacidad intelectual, debido al desarrollo cerebral, estos primates empezaron a vivir mas eficientemente en su medio ambiente, ya que podían prever situaciones a mas largo plazo que antes.

De esta línea de homínidos hubo una especie mas evolucionada que se derivó a la par de lo que después sería el homo sapiens, y que fue la del *homo de Neanderthal* hace un millón de años aproximadamente, y que algunos antropólogos consideran que no fue antecesor directo del homo sapiens y humano, sino una desviación paralela en los homos, pero emparentada, y que otros si la consideran como antecesora de la especie humana.

El surgimiento de la mayor inteligencia junto con el uso de las manos hizo que no solamente utilizaran los objetos que encontraban como instrumentos (como; palos, piedras, etc.) sino que empezaran a construir sus propias herramientas.

En tierra (y ya no en la copa de los árboles) corrían bastantes riesgos con los animales mas fuertes y feroces, por lo que se agrupaban para protegerse mutuamente, y para mejorar la obtención de alimentos.

En estos grupos sociales la comunicación aumentó, que junto con la mayor inteligencia fue dando lugar a un lenguaje oral mas especializado, que en un principio había sido con palabras muy generales, pero que se fue perfeccionando paulatinamente hasta dar lugar a autenticas palabras.

En ese tiempo ya con la construcción de herramientas, juntando varios objetos que encontraban en el medio, como palos que amarraban con lianas a unas piedras, con lo que construían mazos, y después a las rocas las golpeaban para afilarlas para convertirlas en cuchillos, y otras mas, junto con un lenguaje mas amplio surgió finalmente la especie *homo sapiens* hace 500,000 años aproximadamente.

En ese tiempo la construcción de herramientas era básicamente con piedras toscas y sin pulir, por lo que se le nombró a esa época, la Edad Paleolítica o Edad de Piedra.

Poco después el nuevo hombre descubrió el fuego, por lo que pudo cocer la carne, adquiriendo una alimentación carnívora también.

El lenguaje oral y la mayor comunicación permitió la aparición del pensamiento abstracto y conceptual muy lentamente, que les permitía referirse a cosas que no estaban presentes en el lugar ni en el momento presente.

De los primeros hombres que ya pertenecían a la especie homo sapiens se sabe del hombre de Cro Magnon, del hombre de Java, del hombre de Pekín y otros mas, que se les puede ubicar ya como hombres.

Aunque se ubica generalmente a la cuna del homo sapiens en África, y que de ahí fueron desplazándose hacia Asia, Europa, Oceanía y finalmente a América.

Hace 500,000 años apareció el homo sapiens en estado salvaje, ya que era nómada (porque no permanecía en un solo lugar por mucho tiempo) cambiando continuamente de habitat.

Su economía era depredatoria, porque se basaba en la caza de animales, la pesca y en la recolección de frutos, y cuando ya había recolectado y cazado lo que había en cada región, tenía que emigrar a otra región donde encontrara nuevamente animales que cazar y frutos que recolectar.

Mi teoría (de Carlos Pimentel) dice que el lenguaje se iba perfeccionando poco a poco, y cuando aparecieron los juicios valorativos o los valores hace 50,000 años se puede decir que apareció finalmente la especie *homo humanis* (que algunos nombran homo sapiens sapiens) a la que pertenecemos actualmente.

En otras palabras yo digo que la aparición de la valoración o los valores son la aparición final de la especie que yo nombro homo humanis (o especie humana), y que por lo mismo, esos valores que solo los tienen los seres humanos se nombran *valores humanos.*

Esto significa que el homo sapiens surgió hace 500,000 años con la construcción de herramientas, y que la especie homo humanis surgió hace 50,000 años con la aparición de la valoración o los valores (humanos).

Voy a explicar que es un lenguaje valorativo a diferencia de un lenguaje solamente cognoscitivo.

Decía anteriormente que hay tres tipos de conocimiento, que son; un conocimiento innato (que se trae ya al momento de nacer el animal, como en el caso de los instintos, los tropismos, etc.), un conocimiento aprendido, que se adquiere básicamente por medio de; percepciones, imitación, condicionamiento reflejo, condicionamiento operante, asi como por ensayo y error, entre otras formas, y un conocimiento creado, porque no existe en la naturaleza por si mismo, sino que es creación de los animales que lo crearon, que es básicamente el humano el que lo creó mas avanzado (como el lenguaje oral y escrito, ya que por ejemplo, la letra "A" no existía en la naturaleza (por ejemplo en la montaña) sino hasta que el hombre la creó).

Este conocimiento creado, como el lenguaje se fue especializando cada vez mas, desde darle nombre a todas las cosas de la naturaleza (como; "árbol", "agua", etc.), nombre a todas las acciones (como las palabras; "correr", "jugar", etc.), y finalmente darle nombre a las interpretaciones subjetivas a las acciones (como; "mujer justa", "mujer buena", "mujer bella", etc., a las que yo nombro como *valoraciones*, y que cuando son genéricas y no concretas yo nombro como *valores*, como; valor de la Justicia, valor de la Bondad, valor de la Belleza).

La aparición de estos valores y valoraciones surgió cuando el lenguaje ya se había especializado tanto que permitió la aparición de palabras sobre lo subjetivo, o sea palabras de Valores, y que no fue sino hasta pasados muchos años después de la aparición del homo sapiens, lo que originó la aparición del homo humanis, hace 50,000 años aproximadamente.

Hace 50,000 años se supone la aparición de los valores, que se reflejan en algunas pinturas rupestres, en las que no solamente se manifiesta un hecho simple, sino que se deduce que hay una interpretación subjetiva del hecho mismo.

Sin embargo las verdaderas y ya claras valoraciones y valores se pueden ubicar hace 10,000 años con la aparición del Tribalismo.

Después del Tribalismo surgen las denominadas "civilizaciones", que poseen escritura y sociedad civil, porque aparece el Estado.

Estas civilizaciones surgen alrededor del año 2800 a/c (o sea, hace 5,000 años aproximadamente) ya como civilizaciones con escritura y Estado, aunque el proceso de aparición de las mismas duró bastante.

De las primeras civilizaciones registradas en la historia están India China, Mesopotamia y Egipto entre otras.

El proceso de humanización u hominización duró alrededor de unos 10,000,000 de años, desde que aparecieron los homínidos u antropoides, hasta que apareció ya el ser humano (biológicamente de nombre Homo Humanis, hace 50,000 años).

Ya en la Hominización u Humanización, hay varios seres intermedios entre el humano y el primer homínido, de la siguiente forma y como una visión general solamente:

Antropoides – Homínidos - Pitecantropus – Homo habilis – Homo erectus - homo sapiens y homo humanis (o sapiens sapiens), aunque fueron desapareciendo una especies paralelas a del homo humanis, como los Australopitecus, Parantropus, los Neandertales, los Neandertalesis, y otros mas, que no eran de la rama directa de la aparición del homo sapiens, pero si cercanas y paralelas.

Un cuadro resumido de la evolución de la especie humana es:

Apareció aprox. hace

Urbanizado (acuariano)	hace 500 años
(Civilizado)	hace 5,000 "
(Tribal)	hace 10,000 "
Homo Humanis (humano) (Nómada)	hace 50,000 "

Otros   Cro Magnon   Hombre de Pekín

Neandertalesis Homo sapiens	hace 500,000 "
Neandertales Homo habilis Homo erectus	hace 1,000,000 "

Otros   Parantropus   Homos

Pitecantropus (ejemplo el Sinjantropus)	hace 1,500,000 "
Austrolopitecus	hace 2,000,000 "
Otros Homínidos Póngidos	hace 5,000,000 "
Otros Antropoides	hace 10,000,000 "
Primates	hace 50,000,000 "

CIVILIZACIÓN

El Ser Humano apareció hace 50,000 años, pero en estado salvaje.

Son tres las etapas por las que ha pasado la humanidad, que son:

- Nomadismo, desde hace 50,000 años aproximadamente
- Tribalismo, desde hace 10,000   " aproximadamente
- Civilización, desde hace 5,000   " aproximadamente

Nomadismo (o Salvajismo).-Cuando apareció el Homo Humanis (Ser Humano) este apareció en estado salvaje, porque era nómada (errante), debido a que no permanecía en ningún lugar, sino que cambiaba continuamente de sitio.

Su economía era depredatoria, porque se basaba solamente en la caza de animales, la pesca y la recolección de frutos, que consumía al momento de conseguirlos.

Cuando ya no había animales que cazar ni frutos que recolectar emigraba a otro lugar donde hubiera.

No tenía excedentes de producción, ya que todo lo que obtenía lo consumía de inmediato sin almacenar ni acumular nada.

Su organización social era la horda que eran pequeños grupos familiares, donde la única prohibición que había era el incesto (esto significa que un hombre no podía tener relaciones sexuales con su madre biológica), y tampoco había matrimonio, por lo que la sexualidad era libre (excepto con la madre biológica).

Su tecnología era básicamente la construcción de herramientas de piedra, como; mazos, cuchillos, hachas, lanzas, así como el uso del fuego para cocer la carne.

Adaptaban cuevas o espacios para dormir y se protegían con el fuego de los animales peligrosos.

Obviamente no existía la propiedad de la tierra y su únicos trabajos eran la obtención de alimentos, producir algunas pieles de animales como vestimenta, y adaptar algunos lugares momentáneos para dormir.

Su lenguaje era rudimentario, pero ya había probablemente algunas interpretaciones valorativas de los hechos, que se observan en algunas pinturas rupestres y entierros rituales que se han localizado. Esta etapa fue la etapa Paleolítica de la humanidad.

Tribalismo.- Muchos miles de años pasaron hasta que el hombre descubrió la siembra (o posteriormente agricultura) y el pastoreo y domesticación de animales (o posteriormente ganadería).

Cuando descubrió la agricultura se produjo la gran revolución Neolítica, ya que el hombre se hizo sedentario (permaneciendo en un solo lugar) para poder sembrar (recoger la cosecha) y para poder domesticar a los animales.

Este descubrimiento de la agricultura que produjo la revolución neolítica, se tradujo básicamente en la aparición del tribalismo, o sea, pasaron de ser hordas salvajes y nómadas a ser tribus sedentarias.

La sedentarización hizo que formaran aldeas estables que tenían una organización social basada en las tribus.

En mi teoría la segunda etapa de la humanidad fue este tribalismo y no la barbarie como los otros autores lo dicen.

Con la aparición de las tribus surgen muchos cambios.

Primeramente la organización social se transforma porque aumenta de manera considerable el número de miembros que había en la horda, uniendo lo que anteriormente eran hordas familiares nucleares en varias familias extensas dentro de las tribus.

Esta organización tribal estaba basada en parentescos basados en linajes, clanes, fratrias, y otras mas.

Aunque las tribus aparecieron hace 10,000 años, aún existen estas organizaciones sociales nombradas tribus, y se calcula que en el mundo aún hay miles de ellas, como por ejemplo, en México existen 54 grupos indígenas (o tribus) como; Lacandones, Huicholes, Yaquis, y muchos mas.

Otro cambio que apareció en el tribalismo fue la división natural del trabajo, donde las mujeres se centraron en la crianza de los hijos y la agricultura, los hombres jóvenes en la caza, la pesca y la guerra, y los hombres viejos en la dirección de la tribu generalmente.

Al establecerse las tribus en un lugar fijo, estas se convirtieron en las propietarias de la región donde se hallaban ubicadas, por lo que ahora debían defender ese territorio contra los de otras tribus, generando por consecuencia las guerras.

Pero esta propiedad de la tierra era comunal, o sea, pertenecía a todos los miembros de la tribu por igual, por lo que se le denominó a este modo de organización y producción social de la tribu como comunismo primitivo.

La propiedad era comunal porque los bienes eran muy escasos, debido básicamente a que seguían produciendo únicamente lo que necesitaban para la supervivencia diaria, y esto era debido a lo rudimentario de la tecnología empleada.

Lo que cada quien conseguía para comer lo consumía de inmediato con su familia, y no había excedentes o sobrantes que pudieran acumular.

Esto significa que no había excedentes de producción, y nadie podía quedarse con sobrantes ni excedentes porque no existían propiamente.

Pero aquí ya había mas convivencia comunitaria, lo que permitió que unos les transmitieran a otros de manera verbal, por imitación y por leyes de condicionamiento operante, las tareas elementales y las costumbres de la tribu.

La división del trabajo era natural, basándose en el sexo o en la edad, y el trabajo era mediante una organización mecánica mas que orgánica, ya que no había propiamente la especialización del trabajo, sino que todos hacían básicamente lo mismo en cada ocasión.

La vida en medio de tribus donde las relaciones eran mas permanentes y mas extensas, permitió que empezaran a destacarse los que tenían habilidades para algunas actividades y los que las tenían para otras, lo que permitió la aparición de las "personalidades" de sus miembros, que ya usaban mas ampliamente valoraciones, como; fuerte, bello, valiente, débil, rápido, y muchas mas.

También surgieron otras tecnologías de tipo sedentario, como la cerámica, la cestería y el uso de animales para carga y trabajos pesados entre otras.

No existía el dinero ni la moneda en las tribus, y el intercambio de cosas que producían sus habitantes era mediante el trueque, que consistía en intercambiar unas cosas por otras, por ejemplo, un animal por determinado numero de costales de maíz.

Civilización.- Las tribus paulatinamente se iban convirtiendo en Estados civilizados cuando varias tribus se unificaban con fines mas amplios, como en el caso del antiguo Egipto, donde varias aldeas o tribus se unieron para las obras de irrigación del río Nilo.

Para la coordinación de obras que abarcaban a una comunidad mayor los trabajos se especializaban, porque unos individuos se dedicarían a un tipo de trabajos y otros se dedicarían a otro tipo de labores, y solo así se podrían beneficiar todos por igual.

Debido a esta especialización del trabajo, se empieza a producir mas de lo que inmediatamente se necesita para subsistir, y la producción material es mayor, lo que significa que aparecen los excedentes de producción.

Estos excedentes de producción dan lugar a que surja un mercado para el intercambio de mercancías, lo que crea al comercio propiamente dicho y no trueques aislados.

Este comercio además va a requerir la aparición del dinero y la moneda, porque el trueque ya va a ser insuficiente para el mayor volumen de intercambios comerciales.

A su vez el comercio a través del dinero hará surgir las villas donde se realizaran estas transacciones comerciales, aunque en las civilizaciones de tipo tributario, esclavista y feudal serán aun pequeñas villas (aldeas o burgos), mientras que en las sociedades capitalistas y socialistas serán ya autenticas ciudades y urbes.

Debido a esta especialización mayor del trabajo, surgen personas que se van a dedicar solamente a la producción material, otros que se van a dedicar a la curación de enfermos, otros que se van a dedicar a la guerra, otros a la religión y otros que se van a dedicar a la dirección u organización de toda la sociedad como una unidad, lo que significa que esta mayor población con mayor especialización va a dar lugar a la aparición del Estado o Gobierno, o sea, a unas personas que su trabajo va a ser solamente dirigir a toda la comunidad, surgiendo con esto el gobernante y su equipo de trabajo.

Esta aparición del gobernante es la aparición del Estado o Gobierno, y este Estado va a crear a la sociedad civil, porque por un lado va a estar el gobierno o gobernante y por otro lado la sociedad civil (compuesta por ciudadanos).

La existencia de Estado y sociedad civil es la aparición de la Civilización.

Otro tipo de trabajo especializado que surge es el de los intelectuales que gradualmente llegaron a crear el mayor avance de la humanidad, que es la Escritura.

Estado y escritura son las bases de este nuevo tipo de sociedades que es la Civilización, superando y dejando como atrasadas a las sociedades tribales (o tribus) y a las hordas salvajes.

La mayor especialización va a generar mayor producción, y esta va a dar lugar a que aparezcan los excedentes de producción, que se tendrán que almacenar para luego intercambiar y consumir.

El surgimiento de estos excedentes de producción va a dar lugar a que algunos se apropien de esos excedentes que se producen, y con esto van a surgir dos clases sociales, que son los que se apropian de los excedentes de producción (los dueños) y los que no son dueños de esos excedentes de producción. En otras palabras la clase dominante y la clase dominada.

La clase dominante (o clase de los ricos) es la que se apropia de los excedentes de producción y que van a vivir a costa del trabajo de los demás, y la clase dominada (o clase de los pobres) es la que se va a quedar sin nada, solamente con su capacidad de trabajar para la clase dominante.

La clase dominante o privilegiada para asegurarse de sus propiedades va a establecer el derecho a la propiedad privada, creando un sistema jurídico y legal que los proteja, a través de leyes e incluso el uso de la policía.

Estas dos clases dominante y dominada van a entrar en constante lucha por la propiedad y apropiación de los bienes, con lo que surge la lucha de clases, que es el motor de los mayores cambios sociales y de toda la dinámica de la sociedad.

En las civilizaciones hay Estado, escritura y formas mas reguladas de la vida social, entre ellas para la vida sexual, con lo que surgen propiamente los tipos de matrimonio legal y oficialmente aceptados, y los derechos y obligaciones que se tienen para con los hijos, entre otras cosas.

Pero las sociedades civilizadas han sido de varios tipos a través de la historia. Estas son principalmente:

- Estados tributarios (como el antiguo Egipto)
- Estados esclavistas (como la antigua Roma)
- Estados feudales (como en la Europa medieval)
- Estados capitalistas (como Estados Unidos y Francia)
- Y Estados socialistas (como China y la URSS)

Se considera que en ese orden han ido apareciendo las diferentes sociedades y modos de producción u organización social, económica y política indicadas.

En otras palabras, primero surgió el Estado tributario, después el esclavismo, luego el feudalismo, luego el capitalismo y finalmente el socialismo.

CIVILIZACIONES

Ahora analicemos como ha sido el desarrollo de las civilizaciones, desde las Tributarias como en el antiguo Egipto hasta las feudales, como en la Europa del siglo XIII.

Una de las civilizaciones importantes de la antigüedad fue Egipto.

El Estado del antiguo Egipto surgido alrededor del río Nilo se organizaba a través de un gobernante (faraón), que cobraba tributo a todas las aldeas para las obras de utilización e irrigación del Nilo, así como para el mantenimiento del estado con sus trabajadores.

Este pago de tributos se podía hacer debido a que ya había excedentes de producción, porque el trabajo de tipo orgánico y ampliado ya los generaba.

La aparición de excedentes permitía que aparecieran otros trabajos especializados, que no tenían que dedicarse a la producción de alimentos como en las sociedades tribales.

Uno de estos trabajos especializados fue el de los escribas, con la aparición de la escritura.

La aparición de la escritura entre los fenicios, sumerios y otros alrededor del Nilo, es otra de las grandes revoluciones de la humanidad.

Estado y escritura son la base de las sociedades civilizadas, a diferencia de las sociedades tribales (tribus) mas atrasadas.

A este estado civilizado se le nombra Modo de Producción Asiático, pero que yo denomino Modo de Producción Tributario, porque es el tributo lo que mas lo caracteriza mas que su ubicación geográfica.

En otras palabras del salvajismo surgió el tribalismo (o comunismo primitivo), y del tribalismo surgió la civilización, primeramente en su forma de Estado tributario.

Las sociedades antiguas, ya fueran tribales o tributarias entraban en guerra por la disputa del territorio o de otros bienes, y los vencedores tomaban a los vencidos como esclavos, para que les sirvieran a los vencedores.

De este modo y paulatinamente fue surgiendo otro tipo de sociedad civilizada denominada como Esclavismo.

En el esclavismo había dos clases sociales, que eran la de los *amos* y la de los *esclavos* básicamente.

En otras palabras, las dos clases eran la clase dominante (amos) y la clase dominada (esclavos).

Esta sociedad clasista (por clases) era aceptada como normal en esos tiempos, y se veía en la misma a los esclavos como seres subhumanos (que no llegaban a la categoría de humanos), porque el amo los podía usar como y cuando quisiera.

El esclavo era propiedad del amo, y este último podía hacer lo que quisiera con el, incluso matarlo, sin que se castigara al amo por tal acto.

En el esclavismo que floreció en las antiguas Grecia, Roma, Egipto y Persia entre otras la educación adquirió mayor auge, ya que ya no era solo para el faraón, sino que ahora era para la clase dominante de los amos (que eran mas que un solo faraón o gobernante).

La educación de los amos o clase dominante era sobre aspectos puramente intelectuales, ya fueran filosóficos, artísticos, religiosos o políticos, porque el trabajo manual y físico se les dejaba totalmente a los esclavos.

El trabajo manual y artesanal era denigrante para los intelectuales y la clase dominante, y por lo mismo, la educación en el esclavismo de Grecia generó a los primeros grandes filósofos y pensadores de la humanidad, ya que dedicaban gran parte de su tiempo a esta actividad intelectual.

En toda sociedad clasista hay lucha de clases, y por lo mismo, la lucha de clases creó revoluciones, que transformaron a las sociedades esclavistas en sociedades feudales, con lo que apareció el modo de producción feudal o Feudalismo.

Feudalismo porque se basaba en los feudos, que eran áreas de extensión territorial de diversos tamaños, conformados por el Señor Feudal o propietario y dueño del feudo y sus trabajadores nombrados siervos.

Entonces las dos clases sociales eran la de los señores feudales (o clase dominante) y la de los siervos (o clase dominada).

En cada etapa posterior la clase dominada alcanza un mayor grado de libertad, y aquí por lo tanto, el siervo ya tenía mas libertad que el esclavo que le había antecedido, aunque aún estuviera muy sojuzgado por el señor feudal.

Un feudo estaba constituido por la residencia del señor feudal, que podía ser desde una gran finca hasta un palacio o castillo, y por una serie de parcelas de tierra para la agricultura, habitadas por los siervos.

El señor feudal era dueño de su castillo y de todas sus parcelas en forma absoluta, además de que tenía una serie de derechos sobre sus siervos, que no eran libres del todo, sino que estaban sometidos a la autoridad del señor feudal para que continuaran con la posesión de su parcela.

El siervo en su parcela vivía con su familia, que a su vez también eran siervos del feudal, y este tenía una serie de privilegios, como el de concederles el grado de libertad que considerara conveniente.

Una de las atribuciones que tenía el señor feudal sobre sus siervas era tener relaciones sexuales con ellas antes de que se casaran.

Toda la producción agropecuaria de la servidumbre (siervos) se la entregaban al feudal, que a su vez luego les regresaba la cantidad de alimentos que consideraba necesitaban sus siervos para sobrevivir.

Los feudos se jerarquizaban por el tamaño de los mismos, y por la fuerza que tenía cada feudal con respecto a los otros.

De tal modo que los siervos a su vez formaban un ejercito del feudal al que pertenecían, para defenderse de otros feudos.

La jerarquía de los señores feudales era la siguiente; 1.-Rey, 2.-Príncipe, 3.-Conde, 4.-Marques, 5.-Duque, 6.-Caballero, 7.-Varón, y todos los descendientes de estos eran los *patricios* que se diferenciaban de todos los siervos, artesanos y pobres, denominados *plebeyos* o de la *gleba*.

La Historia nombra a todo este periodo del Feudalismo como Edad Media, y que va del año 473 al 1473 después de Cristo.

En este periodo del feudalismo y la Edad Media prevaleció en Europa todo el pensamiento religioso de la Cristiandad, ya que el Cristianismo nacido en el año 0 con el nacimiento de Jesucristo se formalizó como religión oficial en Roma en el año 300 por el emperador Constantino.

Los cristianos que desde la muerte de Jesucristo empezaron a propagar la Enseñanza de su Maestro Jesús tuvieron muchas persecuciones y agresiones, entre ellas las del emperador Nerón, que mando incendiar Roma para asesinar a todos los cristianos que se estaban esparciendo por todos lados.

Hasta que Constantino reconoció a los cristianos y después Carlomagno extendió el Imperio con el símbolo de la Cruz y Cristo fue cuando ya el Cristianismo empezó a ser la esencia del mundo medieval.

Este reconocimiento de Roma del Cristianismo permitió que surgiera el Vaticano y la Sede mundial de la vida cristiana.

La educación entonces giró hacia sus formas religiosas básicamente, y todos los temas sociales, técnicos, artísticos y culturales tenían un acento notoriamente religioso-cristiano.

Si en el esclavismo el pensamiento de los griegos era básicamente filosófico, centrado en la búsqueda de la racionalidad, la lógica y las verdades universales que subyacen a los fenómenos, como principios generales y no como seres mitológicos (como en el tribalismo anterior), ahora en el feudalismo y cristianismo todo se explicaba desde la fe cristiana y la Iglesia Católica Romana.

La Iglesia (o Clero) y la Aristocracia feudal eran la máxima autoridad de la sociedad, y por sobre de ellos siempre estaba el Papa o Pontífice, que avalaba o no las decisiones que se tomaban.

Los libros eran de esencia religiosa, y donde mas se estudiaba era en los monasterios, de ahí que los máximos pensadores de la Edad Media fueran teólogos y religiosos, como; San Agustín, Tomas Moro, San Juan de la Cruz, Santo Tomás de Aquino y otros mas.

Obviamente se estudiaban temas naturales y biológicos, pero eran desde la perspectiva religiosa y siempre como creaciones de Dios, por lo que no eran muy objetivos los conocimientos, sino subjetivos y respondían a una visión espiritual.

La sociedad feudal no era una sola, sino que estaba constituida por una serie de feudos como agregados para conformar una región, y el Rey era simplemente el señor feudal mas poderoso de la región, y que era elegido como máxima autoridad del reino por los demás señores feudales, a los que no gobernaba en realidad, sino que los representaba ante el exterior del reino.

El rey era mas bien un título nobiliario y aristocrático que un gobernante, y un simple coordinador de los feudales.

A fin de cuentas los señores feudales luchaban entre si con sus ejércitos de siervos, y donde se imponía el que tenía mayor servidumbre.

En el Feudalismo la vida era esencialmente rural y agrícola, por lo que las ideas religiosas eran las que servían ante la falta de producción de otro tipo.

El Clero decidía muchas cosas importantes, entre otras, la designación del nuevo rey.

La tecnología era muy poca y rudimentaria, y se reducía a algunos instrumentos de tipo mecánico solamente, como; el arado, la carreta, los molinos de viento y unas pocas herramientas mas.

La ciencia aun no aparecía como tal, y los conocimientos y estudios eran de tipo religioso, filosófico o artístico.

Aunque se explicaban cosas naturales como el cuerpo, la tierra, las plantas, la sociedad y otras mas, estas explicaciones no eran objetivas ni se apegaban a la realidad de lo que eran las cosas, sino que eran ideas imprecisas y muy limitadas, y generalmente confusas y fantasiosas, porque estaban mezcladas con cuestiones mitológicas, religiosas y filosóficas.

En otras palabras aún no aparecían las ciencias de la Física, la Astronomía, la Geografía, la Química, la Biología, la Sociología, la Psicología, ni muchas otras mas, aunque hubiera estudios del cuerpo, las plantas y los fenómenos naturales, pero no eran bajo la perspectiva científica, sino mas bien religiosa o filosófica.

Por ejemplo, se pensaba que los enfermos mentales se comportaban así porque estaban poseídos por demonios, y no se concebían como enfermedad mental, porque desconocían los procesos psicológicos, esto debido a que aun no aparecía la ciencia de la Psicología.

Poco después de la aparición del Cristianismo y dentro de este Feudalismo y la Edad Media surgió la religión del Islam, o musulmana, en el año 643 después de Cristo, fundada por Mahoma en lo que actualmente es Arabia.

Esta religión del Islam o musulmana se convirtió en la mas sanguinaria y agresiva de todas las sociedades que han existido, y atacó ferozmente a los cristianos, a los judíos, y a todos los pueblos con los que tenían contacto, expulsando a los cristianos y judíos de los lugares santos donde nació Jesucristo.

Estos musulmanes se apoderaron de todos los pueblos circundantes y de todas las rutas que comunicaban a Europa con Asia y Europa, impidiendo el comercio y el desarrollo económico, y apoderándose del legado de la Filosofía griega y las Matemáticas de la India y haciendo que este desarrollo intelectual casi desapareciera, ya que los musulmanes heredaron las matemáticas y conocimientos de la antiguedad, pero en lugar de seguirlas desarrollando las estancaron y desaparecieron, y aunque las manejaron un poco como la Álgebra, mas bien fueron un estorbo que un desarrollo de la misma. A eso se debe que se crea erróneamente que los musulmanes desarrollaron parte de las matemáticas, ya que las heredaron por las conquistas militares que hicieron y casi las desaparecieron, y por eso les dicen números arábigos, que realmente son números hindúes, que por habérselos quitado los árabes, dijeron que surgieron en Arabia.

En Europa un grupo de políticos y religiosos cristianos que estaban bloqueados en su paso hacia Oriente decidieron recuperar los lugares cristianos que los musulmanes les habían arrebatado brutalmente, y esto dio lugar a una serie de luchas nombradas como *Cruzadas* de cristianos contra musulmanes.

Con la finalidad de que los europeos que eran los mas desarrollados en todos sentidos en esos tiempos pudieran llegar a las Indias Orientales, porque las rutas estaban bloqueadas por los musulmanes, hicieron expediciones marítimas para poder llegar a ellas.

Entre ellos Cristóbal Colón que era un genovés radicado en España, que hizo el viaje por el Atlántico, y sin esperárselo descubrió un nuevo mundo en 1492, al que después nombraron América, en honor a Americo Vespucio, otro navegante que también llegó al nuevo mundo y realizó un primer mapa del mismo.

En la Edad Media la escritura era manual, o sea, no había imprenta de libros, sino que existían unos escribanos que escribían a mano todo el libro y cada uno de ellos, que generalmente eran para el rey y los feudales de mayor rango, por lo que la educación pública no existía realmente.

En estas sociedades feudales de Europa existían además de los feudos unas aldeas pequeñas nombradas *burgos o villas* donde los feudales compraban mercancías.

Eran villas muy pequeñas porque la producción era básicamente en los feudos y de tipo agropecuario.

ESPIRITUALIZACIÓN

Cuando aparecieron los valores y la conciencia apareció el Ser Humano (hace 50,000 años aproximadamente) porque esos valores fueron la causa de la aparición de la Humanidad, aunque los valores en la etapa prehistórica y nómada eran muy rudimentarios.

En el tribalismo los valores eran muy elementales y realmente pocos y sus creencias en seres supranormales eran abundantes, pero no como una devoción a los dioses, sino como un temor a los mismos.

Las tribus eran básicamente politeístas y supersticiosas, teniendo una gran cantidad de dioses para las cosas de la naturaleza y la vida.

Cuando aparecieron las primeras civilizaciones como; Egipto, India, China, Mesopotamia, Israel y otras empezaron a aparecer guías espirituales que enseñaban no solamente el temor a los dioses, sino la búsqueda de los mismos y las manifestaciones de valores espirituales, como; devoción, amor y otros mas.

En el antiguo Egipto apareció el Magnusat Arios de Era de Arius Menes, que fue fundador de creencias y pirámides muy importante.

Después apareció en India el Magnusat Cancios de la Era de Arius, Rama que fundó escuelas espirituales muy importantes.

Pero el Dios verdadero se empezó a manifestar en personajes hasta que finalmente hizo la Primera Alianza con el hombre cuando se le manifestó a Abraham (Mesías de Era de Arius), para que de la descendencia de él surgiera posteriormente el mismo Dios hecho hombre de nombre Jesucristo (único Mesías Cristo).

Abraham que nació en Ur de la antigua Mesopotamia fue enviado por Dios a la tierra de Caanán, para que ahí surgiera el Pueblo de Israel, que sería la cuna de el Salvador Jesús de Nazaret.

De Abraham nació Isaac, y de Isaac nació Israel y de Israel nació Judá por un lado, que fue la base del pueblo judío, y por otro lado nació Leví del cual posteriormente nacería el libertador del pueblo de Israel de nombre Moisés.

De Judá varias generaciones después nació David y de David nació Salomón.

Muchas generaciones después de Salomón nació José que se casó con María que fue la madre virgen de Jesús de Nazaret.

Este pueblo de Israel y antes de el la tierra de Caanán surgió en la antigüedad desde los albores de la civilización mas de dos mil años antes de Cristo, que fue el lugar que Dios escogió para manifestarse a la Humanidad, básicamente porque está en el centro del mundo terrestre, y porque tenía que escoger algún pueblo para manifestarse.

Pero la civilización y la espiritualización no solamente se dio ahí en la antigüedad sino en diversas sociedades como la India, Persia, China, Egipto, Grecia y otras mas.

Después que nació Jesucristo, el tiempo se empezó a contar antes de Cristo y después de Cristo.

El mensaje de Cristo se difundió por Grecia y luego por Roma y después por todo el mundo, entrando después en la Edad Media en Europa y finalmente ingresando por medio del capitalismo en la Edad Moderna de la Era de Acuarius.

Esto significa que Dios creó a los Ángeles y al Universo, y lo dotó de leyes naturales para que se autogenerara por si mismo, por lo que fueron apareciendo por transicionismo y evolución los astros, la Tierra, la vida vegetal, los animales, los mamíferos, los primates, el ser humano en estado salvaje y primitivo, las tribus, las civilizaciones, y cuando aparecieron estas civilizaciones que ya tenían Estado y escritura Dios se le presentó a Abraham y a otros, hasta que finalmente envió a su Hijo Jesucristo para salvar a la Humanidad de sus pecados, con el mensaje de Amor de Jesús de Nazaret que es Dios mismo hecho hombre (estando en la Era de Piscius). Después la humanidad entró en la Era de Acuarius en 1441 (después de las de Arius y Piscius) en la que actualmente estamos y donde el Mesías de esta Era de Acuarius es SatCarlos (así como los Mesías Era anteriores fueron Abraham en la Era de Arius y Budha en la de Piscius).

ERA DE ACUARIUS

El 24 de Septiembre de 1441 a las 6:00 hrs. se inicia el Año Nuevo Humano de la Era de Acuarius, aunque seis meses antes (el 25 de Marzo de 1441) se iniciaría el Año Nuevo Natural de la Era de Acuarius, o sea, el inicio de la Era de Acuarius.

Se puede nombrar a esta otra gran transformación de la humanidad como Era de Acuarius, como Urbanización o como Edad Moderna.

Pero este inicio de la Era de Acuarius voy a explicarlo desde el punto de vista sociológico como lo he estado explicando, porque esta era acuariana es una era científica y donde las explicaciones supersticiosas ya son obsoletas (como las que increíblemente aún abundan en el mundo).

Al llegar la Era de Acuarius, el mundo empezó a cambiar de acuerdo a lo que representa el Acuarius, y por lo mismo, se empezaron a dar los cambios que voy a mencionar.

En el siglo XV (entre el 1400 y el 1499), aún existían los burgos o villas feudales que en toda la Edad Media imperaron por gran parte de Europa, pero empezaron a haber cambios graduales y continuos que con el tiempo crearían un nuevo sistema social de nombre *Capitalismo*, ya que este se venía gestando desde el siglo XIII, pero que tuvo ya una forma clara y determinada totalmente hasta el siglo XVIII.

Entonces científicamente comprendemos que la humanidad había pasado por varias formas de sociedades, como las hordas del salvajismo, luego las tribus del tribalismo, luego las civilizaciones de tipo tributario, después esclavista y después feudalista, hasta llegar a esta forma de sociedad urbanizada de nombre capitalismo, y que precisamente con el capitalismo es como se empezaron a manifestar las características de la Era de Acuarius.

Este Capitalismo surgió porque en los burgos, donde la producción que inicialmente era artesanal con el tiempo pasó a ser la manufactura y mas tarde a ser la fábrica, para finalmente convertirse en el monopolio industrial ya en el siglo XX.

En la producción artesanal, cada trabajador hacia todo el producto completo, por ejemplo, un zapatero hacia completo un par de zapatos, aunque estuviera dentro de un taller con otros zapateros, y rentara al dueño el espacio de trabajo.

Mas tarde, el dueño del taller empezó a dividirles el trabajo a los varios artesanos, y a hacer que un producto lo hicieran entre varios trabajadores, donde cada uno iba a hacer solo una parte del producto, por ejemplo, uno solamente las agujetas, mientras que el otro solamente los iba a pintar, y otro solamente los iba a coser, y así sucesivamente.

Con esta división del trabajo del taller artesanal por parte del patrón apareció la manufactura, donde el dueño ahora ya controlaba la producción de un producto en su taller (por ejemplo zapatos), y sus artesanos se estaban transformando de artesanos libres en obreros asalariados del patrón (o dueño del taller).

El surgimiento de esta manufactura aumentó grandemente la producción, y los anteriormente siervos feudales rurales empezaron a emigrar a esas villas o burgos donde estaban los talleres manufactureros, para empezar a convertirse en obreros asalariados, y en consecuencia empezaron a dejar el campo feudal. Debido a esto los burgos o villas empezaron a convertirse en pequeñas ciudades.

La vida en las ciudades aumentó por lo mismo, y fue cuando empezaron a aparecer importantes ciudades europeas, como Florencia y otras mas.

La vida en ciudades generó todo un nuevo movimiento y revolución social, nombrado *Renacimiento*, principalmente en ciudades italianas, como Florencia, Génova, Roma, Venecia y otras mas.

Este Renacimiento producto del Capitalismo naciente fue la primera gran manifestación de la Nueva Era de Acuarius.

Principalmente porque con el nuevo capitalismo los siervos ahora convertidos en obreros asalariados empezaron a adquirir una nueva forma de vida basada en una libertad que aumentaba considerablemente (porque en el feudalismo eran mucho menos libres y solo servidumbre del señor feudal).

En las nuevas ciudades empezó a transformarse la forma de pensamiento y explicación del mundo, ya que la producción de tipo industrial requería un conocimiento objetivo y realista de la naturaleza, y ya no una interpretación religiosa ni mitológica de la misma.

La explicación de la naturaleza debía ser realista porque solo así se podrían transformar las materias primas en los productos industriales que requería el capitalismo.

Por lo mismo, se pasó de la Filosofía y la Teología como explicaciones de la naturaleza por una nueva concepción y método objetivo y realista denominado Ciencia.

Ciencia empírica que nace con el Capitalismo y en el Renacimiento de la Era de Acuarius.

Antes del Renacimiento no existían las ciencias (Física, Química, Matemáticas, Biología, Astronomía, Geografía, Historia, Psicología, Sociología, Antropología, Medicina, etc.) por lo que es erróneo decir que los árabes musulmanes nos heredaron las ciencias, ya que los árabes cuando tuvieron su mayor número de conquistas militares y se expandieron (llegando a España) fue mucho antes del Renacimiento y la Ciencia empezó a aparecer hasta el año 1441 (mas de 500 años después de la expansión islámica) en países europeos que no habían sido invadidos por el Islam, como Italia, Inglaterra, Francia, Alemania, Suiza y Holanda principalmente.

En otras palabras, cuando el Islam invadió e impuso su cultura musulmana en varias sociedades (como la española) aún no aparecían las ciencias en el mundo, sino mucho después en el Renacimiento en la Europa no musulmana empezaron a aparecer las ciencias, cuando el pensamiento científico desplazo al pensamiento religioso de la explicación de los fenómenos naturales y sociales.

El Cristianismo que dominaba en Europa fue mas flexible con la ciencia, y finalmente dejó que esta imperara en la explicación de los fenómenos (por eso en Europa y América que son cristianas el desarrollo de las ciencias es altísimo) mientras que el Islam impidió totalmente el ingreso de las ciencias a su cultura, y por eso en el siglo XXI todavía las sociedades musulmanas son totalmente primitivas, retrogradas y terroristas, porque solamente aceptan explicaciones religiosas basadas en el Corán acerca del mundo (y no científicas), porque su fanatismo es muchísimo mas intenso y maligno que en cualquier otra cultura, y por lo mismo se carece casi por completo de derechos humanos en las mismas. La escasa ciencia y tecnología que hay en los actuales países musulmanes ha sido recibida de los países de Europa y Estados Unidos.

Esta nueva etapa capitalista, renacentista, industrial, científica y libre del siglo XV en Europa recibió el nombre de Edad Moderna, y que es exactamente el modernismo lo que define a la Era de Acuarius.

En el Renacimiento italiano donde se cambió la concepción anterior (de la Era de Piscius) del conocimiento dirigido todo a Dios, por el estudio del hombre y su medio ambiente, como seres naturales y humanos (y no solamente divinos), es la base del nuevo Humanismo (representativos de la Era de Acuarius en la que se estaba ingresando).

Pero la primera fase del Renacimiento italiano fue con un gran auge del humanismo expresado en las Artes Plásticas, con la aparición de grandes artistas, como; Miguel Ángel, Da Vinci, Rafael Sanzio y muchos mas.

A principios de esta era acuariana algunos europeos realizaron grandes viajes por los océanos para poder llegar al lejano oriente (Indias orientales), rodeando el medio oriente ocupado por los musulmanes que impedían el paso y el comercio, y por lo mismo, descubrieron nuevas tierras, como el Descubrimiento de América por Cristóbal Colón el 12 de octubre de 1492.

Otros importantes navegantes fueron Magallanes y Américo Vespucio, por quién se puso el nombre a América al continente recientemente descubierto.

En Alemania en el año 1454 aparece la imprenta, cuando Juan Gutemberg hace el primer libro en imprenta, que fue la Biblia, con un tiraje de 300 ejemplares.

Con esta imprenta pronto aparece el libro público que pueden comprar los que lo deseen y no solamente los reyes o aristócratas.

Es precisamente el libro público el que desarrollo enormemente las ciencias y las humanidades futuras.

El inglés Francis Bacon sistematiza y clarifica este tipo de conocimiento que esta empezando a surgir con el nombre de Ciencia, y que precisó como Método Científico por primera vez en sus obras "Novum Organum" e "Instauratio Magna".

La nueva Era de Acuarius que hizo aparecer el Capitalismo, el Renacimiento, el Humanismo y la Ciencia, creó también un cambio en la religiosidad imperante con el movimiento de Reforma, cuyo precursor fue Savanarola y que luego lo siguieron otros, como Zwinglio, Lutero, Erasmo, Vives y Calvino, y que se oponían a la Iglesia Católica y al Vaticano como único centro de la religiosidad cristiana.

Inmediatamente después en Inglaterra se desarrolló mucho la nueva tecnología, que requería la industria capitalista, surgiendo con esto una gran cantidad de inventos y aparatos nuevos, que estaban transformando vertiginosamente la vida, que pasaba de ser rural y rudimentaria a ser urbana y tecnológica, como un cambio radical de vida.

A la par que se iban transformando la forma de pensar y la organización económica, también se estaba gestando un cambio en la forma de producir, porque iban apareciendo muchos inventos novedosos, como el ferrocarril, la máquina de vapor, la máquina tejedora e hiladora, y muchos inventos mas.

A este movimiento se le denominó la Revolución Industrial.

Cuando creció mucho la manufactura los talleres se convirtieron en las primeras fábricas, con lo que los patrones empezaron a adquirir mas locales, maquinaria, materias primas, y a contratar mas obreros.

Los patrones capitalistas se dieron cuenta que sus obreros no sabían cuanto era la ganancia real y lo que habían producido, por lo que empezó a pagarles únicamente lo que necesitaban para subsistir y no lo que realmente habían producido que era mas.

Esto le generaba una ganancia adicional al patrón de nombre plusvalía.

Esta plusvalía es realmente una explotación del obrero, porque se le paga menos de lo que produce, y de esa plusvalía el patrón capitalista empieza a enriquecerse continuamente.

Entonces el capitalismo es un modo de producción basado en la generación de capital, que a su vez es la ganancia derivada de la explotación del asalariado.

Como estas primeras fábricas se generaron en los burgos, los capitalistas recibieron el nombre de burgueses o de la Burguesía.

Desde el siglo XIII hasta el siglo XVIII fue en aumento la burguesía y por lo mismo empezó a tener conflictos con la Nobleza o Aristocracia Feudal aún gobernante (en la transición del feudalismo al capitalismo).

Esto generó revoluciones y luchas entre las monarquías feudales contra las burguesías capitalistas, como en el caso de la Revolución Francesa.

Después de la revolución francesa aparece el movimiento de la Ilustración, que es la recopilación de todos los avances que la ciencia empezaba a tener por medio de las enciclopedias.

Surgen los grandes científicos, como Copérnico que explica los movimientos de la Tierra, Euler al que se considera como fundador de las matemáticas científicas, Darwin que explica la evolución de las especies, Karl Marx que explica el desarrollo de las sociedades, o como Skinner (ya en el siglo XX) que explica las leyes de la conducta científicamente hablando.

Al principio la ciencia empezó como ciencia natural y muchos años después empezaron a surgir las ciencias humanas y sociales, como la Sociología, la Psicología y la Antropología entre otras.

Estas ciencias sociales y humanas en Occidente crearon una serie de derechos humanos y garantías individuales en las personas (que en las sociedades precapitalistas y musulmanas no existen), como es el caso de la Democracia.

También diversas formas de Liberalismo, como; la liberación femenina, el derecho al divorcio, la unión libre, la libertad sexual, la libertad de expresión, el nudismo, las contraculturas, la libertad de religión, el respeto al niño, a los animales y a las minorías, como; los homosexuales, las etnias, los discapacitados, los enfermos mentales, los presos y muchas libertades y garantías mas.

También la Medicina avanzó enormemente, encontrando curación para casi todas las enfermedades, que antes de el Renacimiento carecían realmente de curación, por lo que había grandes epidemias que acababan con poblaciones enteras.

Las ciencias físicas posibilitaron la aparición del gran símbolo de la Era de Acuarius, que fue la Electricidad, ya que de este recurso energético se desprenden todos los mas grandes avances de la humanidad, como la electrónica, la mecánica automotriz, la robótica, las telecomunicaciones, la computación y toda la maquinaria avanzada que permite fabricar todo lo que actualmente existe.

Todo lo acuariano se sintetiza en la urbanización y vida altamente tecnológica de las ciudades, a diferencia de la vida pisciana que era básicamente rural y religiosa.

Italia, España, Inglaterra, Francia, Alemania, fueron en ese orden las potencias del desarrollo en el nuevo mundo acuariano, pero su máxima culminación se dio ya en Estados Unidos en el siglo XX, ya que en solo cien años este país produjo mas avance científico, tecnológico y social que en mas de 10,000 años anteriores, porque Estados Unidos nació astrológicamente como símbolo de Acuarius por su planeta regente Urano en la casilla I, y por eso en la ciudad de Nueva York se encuentra la capital mundial a través de la ONU.

A principios del siglo XX los hnos. Wrigth inventan el avión, con lo que nace la Aviación, después la Astronáutica y finalmente los Satélites artificiales, iniciándose otro de los símbolos de la Era de Acuarius, que es la comunicación y viajes a través del aire y el espacio, ya que Acuario es un signo del elemento aire.

Sin embargo, a este Capitalismo se le opuso fuertemente otro sistema socioeconómico propio de Acuarius, que es el Socialismo, desarrollado por el máximo científico social, que fue el alemán Karl Marx.

De la Economía surge la Economía Política, donde Marx explica que la lucha de clases a través de la historia a generado continuas transformaciones y revoluciones, porque se basan en la explotación y por consiguiente en la inconformidad y competencia permanente, por lo que propone un sistema social que ya no se base en esa explotación ni lucha de clases, sino en una colaboración e igualdad social.

Este sistema socioeconómico de nombre Socialismo, o en su fase avanzada como Comunismo, es un sistema donde ya no existe la propiedad privada de los medios de producción, sino que son de todos y de la sociedad en su conjunto.

V. I. Lenin y después J. Stalin implantaron y expandieron el socialismo en la antigua Rusia zarista a principios del siglo XX.

Este Socialismo que es socialmente el sistema mas avanzado y mejor que hay, perdió fuerza en 1989, cuando desapareció la Unión Sovietica y aligeró las tensiones entre el bloque de países socialistas, lidereados por esta URSS y el bloque de países capitalistas, lidereados por Estados Unidos de América (USA).

La comunicación se hace mundial por los satélites y las telecomunicaciones, lo que permite la aparición de una cultura global que va a ser la globalización, que empieza a gestarse a raíz de la aparición de los satélites y después del Internet ya a partir de la segunda mitad del siglo XX.

Por esta razón empiezan a aparecer las organizaciones mundiales, como la ONU, la UNESCO, la OTAN y muchas mas.

En estas circunstancias nazco yo el 21 de Mayo de 1954, y en 1984 logro fundar el Sendero SAT Universal de Unión y Salvación, que es la Síntesis de todas las cosas. Esto debido a que esotéricamente tengo la Misión de realizarla y ser el MesíasEra de esta Era de Acuarius.

En el año de 1987 nace el habitante número 5,000,000,000 del mundo y yo SatCarlos doy la primera enseñanza oficial del SAT y el Universalismo.

Varias formas de explicar y concebir a la naturaleza y a la humanidad se han dado a través del tiempo, ya que el hombre primitivo era esencialmente pragmático, después el hombre tribal era básicamente mitológico, después en las civilizaciones esclavistas como Grecia apareció un pensamiento básicamente filosófico, en el feudalismo dio un giro hacia la concepción primordialmente religiosa (cristiana, budista, musulmana u otras), y en la sociedad moderna capitalista es generalmente de tipo científica, y mas aún en el socialismo, en donde se llega un exceso de cientificidad, negando las concepciones religiosas al máximo.

Finalmente en el Sendero SAT Universal ingresamos a la concepción y explicación del mundo que es la mas avanzada de todas, que es el Universalismo, que se basa en la ciencia, pero principalmente en una Síntesis Universal e integral de todas las cosas, entendidas como una Unidad que se descompone en múltiples formas y manifestaciones.

Entonces, haciendo una cronología universal en años desde la aparición del universo hasta la aparición del Sendero SAT Universal tenemos el siguiente cuadro sintético.

(Recordando que es una explicación científica, y que por lo mismo, pueden modificarse algunos datos, pero sin que este cambio modifique la esencia del cuadro explicativo).

A (DIOS)	**UNIDAD**		Es Eterno
SA (Ángeles)			Tiempo indefinido

Empieza el Transicionismo

Materia	Universo	desde hace	15,000,000,000 años
	Planeta Tierra	"	5,000,000,000 "

Empieza la Evolución

Vida vegetal	en el mar	"	2,000,000,000 "
Vida animal	Invertebrados		1,500,000,000 "
	Peces		1,000,000,000 "
	Anfibios		500,000,000 "
	Reptiles		250,000,000 "
	Aves y Mamíferos		100,000,000 "
	Mamíferos orden Primates		50,000,000 "
	Mamíferos, Primates, Homínidos		5,000,000 "

Empieza la Humanización

	Homínidos pitecantropus		1,500,000 "
	Homínidos especie Homo Sapiens		500,000 "
Humanos	Homínidos especie **Homo Humanis**		50,000 "

PREHISTORIA

Etapa del Nomadismo   (Edad Paleolítica) 50,000 "

Etapa del Tribalismo   (Edad Neolítica) 10,000 "

Era de Cancius   *(del año 9360 a/c al 7200 a/c)*

Era de Geminus   *(del año 7119 a/c al 5040 a/c)*

Era de Taurus   *(del año 5039 a/c al 2880 a/c)*

Empieza la Civilización   hace   5,000 "

EDAD ANTIGUA (del 2879 al 472 *a/c*)

Fase Tributaria

Era de Arius   *(del año 2879 a/c al 720 a/c)*

Dios se le presenta a Abraham (2000 *a/c*)

Fase del Esclavismo

Era de Piscius   *(empieza en el año 719 a/c)*

Nace el Mesías Era de Piscius Budha (622 a/c)

Nacimiento de JESUCRISTO   año   0

EDAD MEDIA (del 473 al 1473 d/c)

Fase del Feudalismo

Termina Era de Piscius en el año 1440 d/c)

Fase del Capitalismo

Empieza Era de Acuarius

EDAD MODERNA

Era de Acuarius *(del año 1441d/c al 3600 d/c)*

Fase del Capitalismo y Socialismo   URBANISMO

Nace el MesíasEra de Acuarius SatCarlos (1954 d/c)

SAT   **SISTEMA SAT UNIVERSAL   año de 1984 d/c**

Acerca de las características de la forma de vida en las diferentes etapas, desde los primates hasta los humanos modernos (urbanizados o acuarianos), y en diversos aspectos de la vida, son:

Con respecto al habitat en el que viven:
Primates.- viven en la copa de los árboles
Humanos nómadas.- viven en cavernas, son nómadas
Humanos tribales.- chozas, sedentarios en aldeas pequeñas
Humanos civilizados.- Viven en pequeñas ciudades
Humanos urbanos (modernos, acuarianos).- viven en urbes

Con respecto a la tecnología que emplean:
Primates.- usan palos y piedras sueltas
Hum. nómadas.- herramientas uniendo palos, piedras y lianas
Hum. tribales.- cestería, herramientas pulidas, vestidos
Hum. civilizados.- herramientas de metal
Hum. urbanizados.- maquinaria industrial y electrónica

Con respecto a la producción:
Primates.- comen frutos de los árboles
Nómadas.- recolectan frutos y cazan y pescan animales
Tribales.- además ya siembran y pastorean animales
Civilizados.- agricultura, ganadería, alfarería, cerámica, metal
Urbanizados.- industria, telecomunicaciones

Con respecto a la organización social:
Primates.- viven en manadas
Nómadas.- viven en hordas o bandas de familias nucleares
Tribales.- viven en tribus y en familias extensas
Civilizados.- viven en Estados o Gobiernos
Urbanizados.- viven en Naciones o Países

Con respecto a la sexualidad:
Primates.- Promiscuidad
Nómadas.- Promiscuidad pero con evitación del incesto
Tribales.- Poligamias o poliandrías, y promiscuidad generalm.

Civilizados.- Familias monogámicas generalmente
Urbanizados.- Fam. monog., uniones libres y liberación sexual

Con respecto al intercambio de cosas:
Primates.- no tienen intercambio
Nómadas.- intercambios mínimos y familiares solamente
Tribales.- intercambios por trueque
Civilizados.- intercambios comerciales con dinero
Urbanizados.- sistemas de crédito y financiamientos bancarios

Con respecto a la forma de trabajo
Primates.- no tienen trabajo como función social
Nómadas.- trabajo en forma mecánica sin especialización
Tribales.- Especialización natural por edades y sexos
Civilizados.- Especialización por oficios
Urbanizados.- Alta especialización

Con respecto a la formas de propiedad:
Primates.- no existe el concepto de propiedad, solo de uso
Nómadas.- solo son dueños de sus objetos personales
Tribales.- propiedad de la tierra comunal
Civilizados.- propiedad privada de los terrenos e inmuebles
Urbanizados.- propiedad privada, pública y corporativa

Con respecto al consumo:
Primates.- consumo inmediato de alimentos solamente
Nómadas.- consumo inmediato de alimentos y uso de cosas
Tribales.- consumo comunitario
Civilizados.- consumo de dominio de los excedentes
Urbanizados.- consumos de excedentes a nivel mundial

Con respecto a las formas de comunicación:
Primates.- lenguaje corporal y de sonidos burdos
Nómadas.- lenguaje oral muy elemental y pragmático
Tribales.- lenguaje oral con elementos valorativos
Civilizados.- lenguaje escrito
Urbanizados.- lenguaje computacional y telecomunicaciones

Con respecto al pensamiento y conducta:

Primates.- por condicionamientos únicamente
Nómadas.- pensamiento y conducta solo pragmática
Tribales.- pensamientos míticos
Civilizados.- pensamiento filosófico y religioso
Urbanizados.- pensamiento científico y objetivo

Con respecto a las jerarquías sociales:

Primates.- Dominio del macho dominante
Nómadas.- Autoridad de los mas fuertes
Tribales.- Autoridad de los varones ancianos
Civilizados.- Castas y clases, y autoridad gubernamental
Urbanizados.- Monopolios y asociaciones

Con respecto a la política:

Primates.- no existe
Nómadas.- Caudillismo del mas fuerte
Tribales.- Jefatura de los ancianos
Civilizados.- gobiernos y estados, dirigentes por descendencia
Urbanizados.- gobierno mundial y por capacitación profesional

El Sendero SAT Universal en esta Síntesis Universal menciona como Dios creó a los Ángeles y al Universo, y lo dotó de leyes para que se autogenerara por si mismo, en forma de Transicionismo y Evolución constante, pero que cuando ya el humano había logrado el nivel de la Civilización se le presentó a Abraham y envió a su Hijo Jesús.

Así:

DIOS
Ángeles

Sistema SAT Universal —
(Era de Acuarius) Moderna *SatCarlos*

Y envía a su Hijo **JESUCRISTO**

(Era de Piscius) *Buda*

Dios se le presenta a Abraham (Era de Arius) *Abraham*

Egipto   China   Israel   India

Homo humanis (en Civilización)

Homo humanis (en Tribalismo)

Homo humanis (en Nomadismo)

Homo humanis (razas: blanca amarilla negra)

Neandertalesis   Cro Magnon   Hombre Pekín

Neandertal   Homo Sapiens

Parantropus   Homo erectus   Homo habilis

Pitecantropus

Australopitecus   Gorila chimpancé

Otros   Homínidos   Póngidos

Otros   Antropoides

Otros   Primates

Vegetal   Animal

Vida

Astros Tierra
Materia

Universo

DIOS

De esos ángeles que creó uno por soberbia de nombre Luzbel se rebeló por lo que lo nombró Diablo y lo envió al Infierno desde donde comanda a otros demonios

CAPÍTULO QUINTO

TIEMPO

TIEMPO SAT

CRONOLOGÍA UNIVERSAL

ERAS PRESCESIONALES

ERA DE ACUARIUS

EQUIVALENCIAS DE TIEMPO

RESUMEN DEL TIEMPO SAT

TIEMPO SAT

Nuestro planeta Tierra tiene tres movimientos básicos, que son:

- Rotación, que es el giro de la Tierra sobre su mismo eje, lo que marca los días con sus noches. Este giro lo da en 24 horas (o 12 bioras).
- Translación, que es la vuelta que la Tierra da al sol, lo que establece los años y los meses. Esta vuelta la da en 365 (o 366 días).
- Prescesión de los equinoccios, donde la Tierra da un giro en 25920 años, que marca un Gran Año Cósmico o GAC. Estos GACs o Grandes Años Cósmicos el Sistema SAT Universal que los creó como concepto explicativo empiezan a utilizarse solo a partir de la aparición del Homo Humanis, y por lo tanto, solo han existido tres GACs que fue el GAC Arian desde hace aproximadamente 52,000 años, el GAC Taurean desde hace aproximadamente 28,000 años y este GAC Geminian en el que estamos, que empezó aproximadamente 3000 años antes de Cristo.
- Cada Gran Año Cósmico GAC de 25920 años se divide en 12 Eras Prescesionales de 2160 años cada una.
- Las Eras Prescesionales son: Arius, Piscius, Acuarius, Capricornus, Sagitarius, Escorpius, Librus, Virgus, Leus, Cancius, Geminus y Taurus.

Corresponden a los mismos doce signos del zodiaco pero a nivel de Eras Prescesionales, por lo que llevan las letras "us" al final.

Estas Eras Prescesionales van en sentido inverso a como avanzan los signos del zodiaco anuales.

Al Gran Año Cósmico Geminian de 25920 años el SAT le nombra Ciclo Crístico.

A las Eras Prescesionales de 2160 años el SAT les nombra Ciclos Mesiánicos

Una Era Prescesional de 2160 años a su vez tiene doce Suberas de 180 años cada una. Las doce Suberas de cada Era son; Arios, Tauros,

Geminos, Cancios, Leos, Virgos, Librios, Escorpios, Sagitarios, Capricornios, Acuarios y Piscios.

Una Subera de 180 años a su vez se divide en doce Microeras de 15 años cada una. Las doce Microeras de cada Subera son; Aris, Tauris, Geminisis, Cancis, Leis, Virguis, Libris, Escorpis, Sagitaris, Capricornis, Acuaris y Piscisis.

Cada año tiene a su vez doce Meses. Los doce Meses de cada Año son: Arés, Taurés, Geminés, Cancés, Loés, Virgués, Librés, Escorpiés, Sagitarés, Capricornés, Acuarés y Piscés.

Resumiendo, los Ciclos y Periodos mencionados en el SAT, son:

- Gran Año Cósmico (GAC) de 25920 años
- Era Prescesional de 2160 años (o Ciclo Mesiánico)
- Subera de 180 años (o Ciclo Magnusático)
- Microera de 15 años (o Ciclo Grandsático)
- Ciclo Administrativo de 5 años
  Año de 12 meses
- Estación de 4 meses
- Mes de 30 (o 31) días
- Decanato de 10 (u 11) días
- Día de 12 bioras (o 24 horas)
- Biora de dos horas o 120 minutos
- Minuto de 60 segundos o 120 mesegundos
- Mesegundo (o medio segundo).

CRONOLOGIA UNIVERSAL

Dios creó todas las cosas, pero creó el origen del Universo y lo dotó de leyes para que se autogenerara por si mismo, o sea, para que las mismas leyes naturales y sociales determinaran los sucesos, aunque Dios haya sido el origen de todo.

Esto significa que debemos estudiar a la naturaleza y a la humanidad desde la ciencia, aunque tengamos fe en Dios y a el nos dirijamos con fe y devoción, porque el puede hacer milagros, que son acontecimientos que no siguen las leyes naturales ni la lógica racional.

Dios envió a su Hijo Jesucristo para salvar a la Humanidad del pecado en el que se encontraba, porque dio una Enseñanza que el que la sigue se puede salvar del sufrimiento, el dolor y el pecado.

La Cronología Universal aproximada es la siguiente:

El Universo tiene aproximadamente	15,000,000,000 años
El planeta Tierra tiene aproximadamente	5,000,000,000 años
La vida vegetal en el mar tiene aprox.	2,000,000,000 años
La vida animal invertebrada tiene aprox.	1,500,000,000 años
Los animales vertebrados peces tienen aprox.	1,000,000,000 años
Los anfibios tienen aproximadamente	500,000,000 años
Los reptiles tienen aproximadamente	250,000,000 años
Las aves y mamíferos tienen aproximadamente	100,000,000 años
Los primates tienen aproximadamente	50,000,000 años
Los monos antropoides tienen aproximadamente	10,000,000 años
Los primates homínidos tienen aproximadamente	5,000,000 años
Los pitecantropus tienen aproximadamente	1,500,000 años
Los homo sapiens tienen aproximadamente	500,000 años
Los Humanos en Nomadismo tienen aproximadam.	50,000 años
Los Humanos en Tribalismo tienen aproximadamente	10,000 años
Y los Humanos en la Civilización tienen aprox.	5,000 años

Esto significa que el ser humano apareció por evolución de especies inferiores hace aproximadamente 50,000 años, y pertenece a la especie animal homo humanis y que anteriormente a mi nombraban como homo sapiens sapiens.

Pertenece el humano a las siguientes clasificaciones:

Reino	Animal
Subreino	Metazoarios
Tipo	Cordados
Subtipo	Vertebrados
Clase	Mamíferos
Subclase	Placentados

Orden	Primates
Suborden	Catirrinos
Familia	Antropoides
Subfamilia	Homínidos
Género	Homos (u Hominidaes)
Especie	Homo Humanis (u homo sapiens sapiens)

Además como especie biológica posee también varias razas o tipos de ser humano. Las razas puras son tres (o cinco), pero los mestizajes y cruza de razas a dado lugar a muchas subrazas. Las razas son:

Blanca o caucásica, que predomina en Europa y Norteamérica
Amarilla o mongoloide que predomina en Asia Oriental
Roja o amerindia, que predomina en América latina
Negra o negroide, que predomina en Africa
Café o centroriental, que predomina en Asia Central (Medio Oriente)

La Evolución de los Primates hasta convertirse en humanos se sintetiza así:

De los prosimios primitivos se originaron las familias de los tupaidos y lemuridos, que eran primates sin la forma actual de los monos, sino que parecían mas bien zorros.

Después de estas aparecen las familias de los tarsidos, de los cebidos y los cercopitecos que ya presentan la apariencia actual de los monos o simios.

Después aparecen los monos antropoides, que tienen varias familias, de las cuáles una es la de los póngidos (como; el chimpancé, el gorila, el orangután y el gibón), y otra es la de los hominidos.

De la familia de los hominidos antropoides se sabe que hubo un género nombrado australopitecus, a los cuáles todavía no se les puede considerar homo sapiens sino monos.

Aparece una especie intermedia entre el homo sapiens y el mono que sería el pitecantropus, que por sus características se observa que es mitad mono y mitad humano, y por eso su nombre pitecantropus significa hombre-mono. Estos pitecantropus vivieron hace un millón y medio de años.

Después hace un millón de años apareció dentro de la familia de los hominidos el género homo, que es el antecesor del ser humano actual, y este genero homo tuvo varias especies, entre las cuáles la mas conocida es la del homo Neanderthal, el homo de Java, el Cro Magnon y otros.

Y finalmente hace 500,000 años de ese género homo surgió la especie homo sapiens que después se convirtió en la especie homo sapiens sapiens (homo humanis) o ser humano actual hace 50,000 años.

Los detalles de esta evolución los da muy precisamente la Antropología.

Ya aparecido el homo humanis o humano, este ha tenido también una evolución pero en el plano social.

Los estadios o grandes periodos por los que ha pasado la humanidad son:

-   Nomadismo (hace 50,000 años aproximadamente)
-   Tribalismo (hace 10,000 años aproximadamente)
-   Civilización (hace 5,000 años aproximadamente)
    La Civilización se debe analizar bajo las Eras Prescesionales, de las cuáles estamos en la Era de Acuarius, y es la historia que vamos ahora a analizar mas detenidamente.

Las Eras Prescesionales que han pasado desde la aparición de la etapa del Tribalismo del Homo Humanis, son las siguientes:

Del GAC Taurean:

-   Era de Cancius, que fue del año 9360 antes de Cristo (a/C) al año 7200 a/C.
-   Era de Geminus, que fue del año 7199 a/C al año 5040 a/C.
-   Era de Taurus, que fue del año 5039 a/C al año 2880 a/C.

Del GAC Geminian:

- Era de Arius, que fue del año 2879 a/C. al año 720 a/C.
- Era de Piscius, que fue del año 719 antes de Cristo (a/C) al año 1440 después de Cristo (d/C)
- Y actualmente estamos en la Era de Acuarius de va del año 1441 después de Cristo (d/C) al año 3600 (d/C).

ERAS PRESCESIONALES

En cada Era la Humanidad durante esos 2160 años adquiere las características básicas del signo de la Era y también algo del signo opuesto, porque es su complementario.

También las características del Elemento al que pertenece el signo de la Era (fuego, aire, tierra o agua).

También cada Era tiene doce Suberas, y en cada una de estas Suberas la Era adquiere características mas específicas, pero sin perder el encuadre del signo de la Era.

Algunas de las características que otorgan a la Era las Suberas son:

- En las Suberas Arios se ha encontrado que hay siempre algunas conquistas y colonizaciones de nuevos pueblos o lugares, y que esos nuevos pueblos o lugares van a ser muy importantes para la Era que se inicia. También se observa que hay en las Suberas Arios grandes reformas ideológicas, que van a dar la línea general y surge un renacimiento cultural o surgimiento de una nueva concepción de la vida. Pero en Arios generalmente aún no aparece el Guía Universal de la Era, ya que este viene apareciendo entre las Suberas Geminos y Leos.
- En las Suberas Tauros se ha encontrado el asentamiento y fortificación material y política de las nuevas formas de la Era, generalmente a través de bases económicas, construcciones significativas y tendencias algo absolutistas. También hay un

cierto retroceso hacia la cultura de la Era anterior por medio de ciertos clasisismos. El pensamiento se hace objetivo y de tendencia metodológica y práctica.

- En las Suberas Geminos se observa un surgimiento y esplendor de las organizaciones sociales y de las ciudades, con un mayor cosmopolitismo. También surge un cierto liberalismo, eliminando prejuicios obsoletos y anticuados. Mejora mucho la tecnología, el estudio y los conocimientos. Aparece una mayor integración social y política entre diversos pueblos con un sentido mayor de igualdad y colaboración que de competencia. Surgen nuevos lenguajes y códigos para la comunicación.

- En las Suberas Cancios surgen crisis sociales y emocionales importantes. Aparece una reacción tradicionalista contra el desprejuizamiento que hubo en las Suberas Geminos. El pueblo elemental adquiere mucha fuerza social y surge un populismo y socialismo que no acepta mucho la jerarquía. Hay un incremento de las artes, la imaginación y la tradición. La familia, la mujer, los niños y las casas adquieren una mayor relevancia que anteriormente.

- En las Suberas Leos llegan a su mayor auge los Imperios poderosos, y adquiere fuerza mayor el hombre, el jefe y la autoridad de cualquier tipo. Aparecen grandes líderes universales y caudillos. Los placeres, juegos y diversiones son mas importantes que en suberas anteriores. Hay una exaltación de el orgullo, el lujo y la riqueza en las sociedades. Hay un hedonismo pero con tintes tradicionalistas y jerarquizados.

- En las Suberas Virgos se produce una cierta estabilidad social y económica, porque mejoran los sistemas de trabajo y de producción, con el surgimiento de inventos y actividades prácticas, objetivas y realistas que aportan una evidente mejoría a la vida y al trabajo. La moral, el orden y la limpieza juegan un papel muy importante en la vida cotidiana. También surgen nuevos códigos y lenguajes, y un ciudadano trabajador, sencillo y muy limpio es el modelo buscado.

- En las Suberas Librios se produce la aparición de otros pueblos y naciones con una importante transculturación pero dentro de un sentido de armonía y justicia. Ideales de paz y justicia son la finalidad principal de los ciudadanos. El sentido estético y de belleza genera obras de arte importantes.

- En las Suberas Escorpios aparece un extremismo en las ideologías con la posibilidad de estar en una lucha permanente contra los otros, y de defender fanáticamente las ideas propias contra las de los demás. Posibles guerras continuas y apasionamientos intensos. También hay búsquedas constantes de lo desconocido, lo extraño y lo misterioso, siendo suberas llenas de enigmas, secretos y cosas raras. También la cultura de la muerte y el mas allá es sobre lo que gira parte de la vida cotidiana.

- En las Suberas Sagitarios aparecen las grandes expediciones a lugares lejanos y el alejamiento permanente de el lugar nativo. Búsqueda de horizontes nuevos y superiores, y un sentido de la aristocracia importante que desarrolla cierto elitismo y racismo que tienden a enfrentarse, pero hay un sentido permanente de superación en los pueblos y personas. Creación de grandes centros educativos y conocimientos elevados. Sentido religioso y misional por excelencia, que desea siempre llevar mensaje a otros pueblos y lugares.

- En las Suberas Capricornios aparecen grandes aspiraciones de tipo superior y jerárquico, ya sean culturales, sociales o económicas. Surge una tendencia por la tradición y la aristocracia que respeta las leyes y la jerarquía al máximo. El orden político se consolida y los grandes Imperios económicos y políticos establecen una supremacía y organización central, queriendo dirigir todo desde el centro y desde el poder. El único ser valioso es la persona muy trabajadora, disciplinada y moralmente elevada, que respeta las leyes al cien por ciento. El hombre exitoso y de grandes negocios es el modelo humano a seguir.

- En las Suberas Acuarios se produce la desprejuización de la jerarquía, el poder y la aristocracia y todo se maneja en el plano de la igualdad humana, la amistad y la libertad total. Se dan grandes unificaciones y una comunicación a nivel mundial o universal. Desaparecen los racismos, elitismos, castas y los grupos o personas privilegiadas por un poder, y solo queda la libre expresión en un plan de camaradería. Surgen los mayores inventos y las tecnologías mas avanzadas. En las suberas Acuarios se vive mas en lo futuro que en pasado, se planea para logros a alcanzar que a costumbres a conservar. Es el ciudadano universal lo que importa y no el que defiende cosas propias o particulares. Todo es de todos por igual.

- En las Suberas Piscios resurge una Espiritualidad y un incremento en la interioridad de los sujetos, que buscan verdades eternas e infinitas y desprecian la cotidianidad, la materialidad y las normas legales, ya que se ubican en un mundo mas imaginativo que realista. Surgen grandes asociaciones filantrópicas y humanitarias. Lo oculto, misterioso y extraño aparece como lo importante de la existencia, considerando la vida real como solo un periodo momentáneo para después ingresar a otra dimensión. Hay vagabundeos, adicciones y carencias materiales por la falta de objetividad y orden en la vida.

En cada Era las suberas aportan su sello característico a la Era que ya trae su Gran Sello para los 2160 años que dura.

ERA DE PISCIUS

En la Era de Piscius estas Suberas produjeron lo siguiente:

ERA DE PISCIUS, Subera de ARIOS: de 720 a/C. a 541 a/C.
    Conquistas y Colonizaciones mediterráneas
    Reformas Religiosas, como aparición del Budismo, de Lao Tsé
        y Confucio.

ERA DE PISCIUS, Subera de TAUROS: de 540 a/C. a 361 a/C.

Clasicismo, con las Grandes Tragedias y Teatro Griego

Absolutismos, en Grecia, Persia y otros pueblos

ERA DE PISCIUS, Subera de GEMINOS: de 360 a/C. a 181 a/C.

Cosmopolitismos, de Alejandría, Rodas, Antioquía y otras

Integraciones, como la Helénica por Alejandro Magno

Liberalismos, como el Helénico, con divorcios y revueltas

Tecnologías, como; maquinas de guerra, faros, muebles, etc.

ERA DE PISCIUS, Subera de CANCIOS: de 180 a/C. a 1 a/C.

Inicio de la Roma Antigua

ERA DE PISCIUS, Subera de LEOS: del año 0 al año 179 d/C.

Líder Universal de todos los tiempos que es CRISTO

Hedonismos, como los placeres del Imperio Romano

Leones como protagonistas, en el Circo Romano

Lujo y Aristocracia del Imperio Romano en su clímax.

ERA DE PISCIUS, Subera de VIRGOS: del 180 d/C. al 359 d/C.

Estabilidad con la Pax Romana

Orden y Legalidad, con el Derecho Romano y el concepto de

ciudadano legal.

ERA DE PISCIUS, Subera de LIBRIOS: de 360 d/C. a 539 d/C.

Transculturación, de varios pueblos; hunos, godos y otros

ERA DE PISCIUS, Subera de ESCORPIOS: de 540 d/C. a 719 d/C.

Fanatismos, con el surgimiento del Islam

Guerras constantes de musulmanes contra cristianos y judíos

ERA DE PISCIUS, Subera de SAGITARIOS: de 720 d/C. a 899 d/C.

Aristocracias, como las medievales, y del Imperio Franco

Expansionismos, por un lado de Carlomagno y por otro del

Islam y la cultura musulmana.

ERA DE PISCIUS, Subera CAPRICORNIOS: de 900 d/C. a 1079 d/C

Superación y Ciencia, con las primeras universidades en

Europa.

ERA DE PISCIUS, Subera de ACUARIOS: de 1080 d/C. a 1259 d/C.

Unificaciones y movimientos sociales en Europa Primeras

Cooperativas.

ERA DE PISCIUS, Subera de PISCIOS: de 1260 d/C. a 1440 d/C.
   Misticismo, con los importantes monasterios cristianos de
      franciscanos, jesuitas, dominicos, agustinos,
   Arte y espiritualidad, con grandes obras artísticas de temas
      espirituales cristianos.

ERA DE ACUARIUS

El Año Nuevo Humano del inicio de la Era de Acuarius comenzó el día 24 de Septiembre de 1441 a las 6:00 horas, que en terminología SAT corresponde al (Crístico, Acuarius, 1, Librés, 1, Sóles, 1:00 bioras, o sea, (Ciclo Crístico, Era de Acuarius, año 1, mes de Librés, decanato 1, día Sóles, 1:00 bioras).

Pero el Año Nuevo Natural empezó seis meses antes, en Arés, 1, Sóles, que corresponde al día 25 de Marzo de 1441.

En las Suberas de Acuarius algunos de los acontecimientos que ha habido son los siguientes:

Suberas

En la Era de Acuarius apenas van cuatro suberas, que son; Arios, Tauros, Geminos y la actual Cancios.

ERA DE ACUARIUS, Subera ARIOS: de 1441 a 1619 d/C.:

-   Colonizaciones, como; el Descubrimiento de América.
-   Renacimiento, en ciudades como Florencia y Venecia
-   Conquistas, como; México, Perú y muchas regiones mas.
-   Reformas: como; la Calvinista, la Luterana y otras.
-   Tecnología naciente, como; la Revolución Industrial en Inglaterra

ERA DE ACUARIUS, Subera TAUROS: de 1620 a 1799 d/C.:

-   Desarrollo Económico, como; las Teorías de Adam Smith y David Ricardo.

- Absolutismos, como; Monarquías francesa, italiana, y otras.
- Clasicismo e Ilustración
- Revoluciones, como la Francesa

ERA DE ACUARIUS, Subera GEMINOS: de 1800 a 1979 d/C.:

- Cosmopolitismo, con el surgimiento de las grandes ciudades, como; Nueva York, Londres, Berlín, París, Roma, Moscú y otras.
- Liberalismos, como; Liberación femenina, contracultura, hippies, rock, migraciones, libertad religiosa y muchos mas.
- Integracionismo mundial, como; ONU, OTAN, OEA, UNESCO, Liga Arabe, Confederación Sudamericana, y muchas mas.
- Comunicación mundial; por el teléfono, la televisión, prensa, etc.
- Alta Tecnología, como; invención del automóvil, del avión, de la televisión, la computadora, maquinaria industrial.
- Socialización, como; Sindicalismo, Socialismo, y otros.
- Ciencia avanzada, con grandes avances de; la Medicina, la Física, la Química, Biología, Psicología, Sociología, y todas la ciencias.
- Comercio mundial
- Contacto con otros mundos, a través de la Astronáutica y los vuelos interplanetarios.

Microeras

Una Era de 2160 años tiene doce Suberas de 180 años cada una, y una Subera de 180 años tiene doce Microeras de 15 años cada una.

Las Microeras de la Subera de Geminos de la Era de Acuarius son:

ERA ACUARIUS, Subera GEMINOS, Microera Aris: 1800 a 1814 Napoleón se corona emperador y derrota a Austria, y sus hermanos ocupan los tronos de Holanda. Nelson vence a la escudra francesa en Trafalgar. Napoleón derrota a Prusia. Disolución del Sacro Imperio Romano y creación de Austria. Invasiones francesas a España, Rusia y otras naciones. Derrota de Napoleón en Leipsig. Guerra de EUA contra Inglaterra. En América luchas de Independencia en Haití, México, Bolivia, Venezuela, Argentina, Colombia y Chile. Se observa que esta microera fue de invasiones, conquistas e independencias, que son representativas totalmente de Aries.

ERA ACUARIUS, Subera GEMINOS, Microera Tauris: 1815 a 1829 Consumación de las independencias y logros de estabilidad en Chile, México, Venezuela, Colombia, Brasil, Ecuador, Uruguay, Perú, Centroamérica, Bolivia, Haití, y Argentina. Proclamación de la doctrina Monroe en EUA. Se observa que fue un periodo de retorno a la estabilidad y consumación, propios del simbolismo de Tauro.

E. ACUARIUS, Subera GEMINOS, Microera Geminisis 1830 a 1844 Aperturas comerciales a nivel mundial. Hay invasiones, colonizaciones de Africa. Guerras entre países vecinos, como la de México con EUA. Guerra contra el opio y ventajas comerciales para Inglaterra. Gran desarrollo de las tecnologías. Se observa una mayor comercialización y expansión a colonias y naciones vecinas, que refleja cualidades de Géminis.

ERA ACUARIUS, Subera GEMINOS, Microera Cancis: 1845 a 1859 Ideales populistas y proletarios. Marx y Engels publican el Manifiesto del Partido Comunista. Revolución obrera en Francia y abdicación de Luis Felipe. Revoluciones populistas en Alemania. Se observa la actitud populista y socialista propias de Cáncer.

ERA ACUARIUS, Subera GEMINOS, Microera Leis: de 1860 a 1874 Fortalecimiento y surgimiento de Imperios. Aparece el Imperio Astro-Húngaro, el Imperio de Maximiliano en México, la proclamación de la primera República Española. Constitución del Imperio Alemán. Se observa el Imperialismo típico del signo de Leo.

ERA ACUARIUS, Subera GEMINOS, Microera Virguis: 1875 a 1889 Construcción de grandes obras. Fernando Lesseps inicia la construcción del Canal de Suez. Se observa la laboriosidad y constructivismo del signo de Virgo.

ERA ACUARIUS, Subera GEMINOS, Microera Libris: 1890 a 1904 Asociaciones y contratos. Tratado EUA – Panamá, para la construcción del canal de Panamá. Aparición de los Soviets y Societs. Se observa la tendencia a las asociaciones y contrato característicos del signo de Libra.

ERA ACUARIUS, Subera GEMINOS, Microera Escorpis: 1905-1919 Grandes conflictos mundiales. Primera Guerra Mundial. Guerras; Rusia-Japón, Italia-Turquía, Primera Guerra Balcánica (entre Bulgaria, Servia, Turquía, Rumania, y otros). Importan tes revoluciones, como la Revolución Rusa, la Revolución en México, la Revolución China, Revolución Portuguesa. Descubrimiento del Polo Norte. Se observa el clima revolucionario y conflictivo de guerra y el descubrimiento de lugares lejanos típicos de Escorpio.

ERA ACUARIUS, Subera GEMINOS, Microera Sagitaris 1920-1934 Apertura de relaciones internacionales con otros países. Inauguración de la Sociedad de Naciones. Tratado de Locarno entre Francia y Alemania. Anexión austriaca a Alemania. Grandes exploraciones, como la de Ramón F. Bahamonde que atra viesa el Atlántico en hidroavión y Lindberg que lo atraviesa de Nueva York a París de una sola jornada. Se observa la apertura al extranjero y las grandes expediciones típicas de Sagitario.

E. ACUARIUS, Subera GEMINOS, Microera Capricornis 1935-1949 Aparece la ambición de poder y riqueza. Italia conquista Etiopía, Japón ocupa China, Alemania ocupa Checoslovaquia y Lituania, Italia invade Albania. Segunda Guerra Mundial. Na cimiento de organizaciones mundiales, como, la ONU, OEA, Liga Árabe, OTAN. Se observa la creación de organizaciones mundiales y de ambiciones de poder, típicos del signo de Capricornio.

ERA ACUARIUS, Subera GEMINOS, Microera Acuaris: 1950- 1964 Gran avance de la Tecnología y la Ciencia, con un incremento acelerado de las telecomunicaciones, y la aparición del radio, la televisión, el teléfono, el cine, el telégrafo ya en la vida cotidiana. Incremento acelerado de los transportes, como el automóvil, el avión, y muchos mas. Comunicación mundial Aparición de el contacto con otros mundos con la Astronáuti- ca y los vuelos interplanetarios. Satélites. Se coloca en órbita el Sputnik. Asociaciones mundiales y tratados internacionales como el Mercado Común, la Alianza para el Progreso, la Or-- ganización de Estados Africanos. La Ciencia avanza acelera- damente, en los campos de la Medicina, la Anticoncepción, los transplantes de órganos, la Computación, la Robótica y surge la Parapsicología como ciencia. Se observa una enorme transformación de la humanidad, que pasa de ser básicamente rural a ser urbana, mundial, y futurista, con alta Tecnología y

Ciencia, así como viajes interplanetarios, típicos de Acuario.

ERA ACUARIUS, Subera GEMINOS, Microera Piscisis: 1965 a 1979 Renacimiento espiritual con importación de filosofías orientales, como la Yoga, el Budismo y Taoísmo, así como un enfoque mas esotérico del Cristianismo. Gurus y Hipies le dan un ambiente místico a esta microera donde aparece una contracultura que se opone al materialismo. Surge el rock y los Beatles, la drogadicción y las búsquedas existencialistas que son el clima místico y bohemio que predomina. Este misticis- mo y adicciones son representativos del signo de Piscis.

EQUIVALENCIAS DE TIEMPO

Equivalencias de años

Los años SAT empiezan el día 25 de marzo y antes de esa fecha pertenecen al anterior

ERA DE ACUARIUS de 1441 d/c a 3600 d/c

SUBERA DE ARIOS de 1 a 180 (1441 a 1620 d/c)

Microera	Aris	Microera	Cancis	Microera	Libris	Microera	Capricoris
1	1441	46	1486	91	1531	136	1576
2	1442	47	1487	92	1532	137	1577
3	1443	48	1488	93	1533	138	1578
4	1444	49	1489	94	1534	139	1579
5	1445	50	1490	95	1535	140	1580
6	1446	51	1491	96	1536	141	1581
7	1447	52	1492	97	1537	142	1582
8	1448	53	1493	98	1538	143	1583
9	1449	54	1494	99	1539	144	1584
10	1450	55	1495	100	1540	145	1585
11	1451	56	1496	101	1541	146	1586
12	1452	57	1497	102	1542	147	1587
13	1453	58	1498	103	1543	148	1588
14	1454	59	1499	104	1544	149	1589
15	1455	60	1500	105	1545	150	1590
Microera	**Tauris**	**Microera**	**Leis**	**Microera**	**Escorpis**	**Microera**	**Acuaris**
16	1456	61	1501	106	1546	151	1591
17	1457	62	1502	107	1547	152	1592
18	1458	63	1503	108	1548	153	1593
19	1459	64	1504	109	1549	154	1594
20	1460	65	1505	110	1550	155	1595
21	1461	66	1506	111	1551	156	1596
22	1462	67	1507	112	1552	157	1597
23	1463	68	1508	113	1553	158	1598
24	1464	69	1509	114	1554	159	1599
25	1465	70	1510	115	1555	160	1600
26	1466	71	1511	116	1556	161	1601
27	1467	72	1512	117	1557	162	1602
28	1468	73	1513	118	1558	163	1603
29	1469	74	1514	119	1559	164	1604
30	1470	75	1515	120	1560	165	1605
Microera	**Geminisis**	**Microera**	**Virguis**	**Microera**	**Sagitaris**	**Microera**	**Piscisis**
31	1471	76	1516	121	1561	166	1606
32	1472	77	1517	122	1562	167	1607
33	1473	78	1518	123	1563	168	1608
34	1474	79	1519	124	1564	169	1609
35	1475	80	1520	125	1565	170	1610
36	1476	81	1521	126	1566	171	1611
37	1477	82	1522	127	1567	172	1612

38	1478	83	1523	128	1568	173	1613
39	1479	84	1524	129	1569	174	1614
40	1480	85	1525	130	1570	175	1615
41	1481	86	1526	131	1571	176	1616
42	1482	87	1527	132	1572	177	1617
43	1483	88	1528	133	1573	178	1618
44	1484	89	1529	134	1574	179	1619
45	1485	90	1530	135	1575	180	1620

SUBERA TAUROS de181 a 360 (1621 a 1800)

Microera	Aris	Microera	Cancis	Microera	Libris	Microera	Capricornis
181	1621	226	1666	271	1711	316	1756
182	1622	227	1667	272	1712	317	1757
183	1623	228	1668	273	1713	318	1758
184	1624	229	1669	274	1714	319	1759
185	1625	230	1670	275	1715	320	1760
186	1626	231	1671	276	1716	321	1761
187	1627	232	1672	277	1717	322	1762
188	1628	233	1673	278	1718	323	1763
189	1629	234	1674	279	1719	324	1764
190	1630	235	1675	280	1720	325	1765
191	1631	236	1676	281	1721	326	1766
192	1632	237	1677	282	1722	327	1767
193	1633	238	1678	283	1723	328	1768
194	1634	239	1679	284	1724	329	1769
195	1635	240	1680	285	1725	330	1770
Microera	Tauris	Microera	Leis	Microera	Escorpis	Microera	Acuaris
196	1636	241	1681	286	1726	331	1771
197	1637	242	1682	287	1727	332	1772
198	1638	243	1683	288	1728	333	1773
199	1639	244	1684	289	1729	334	1774
200	1640	245	1685	290	1730	335	1775
201	1641	246	1686	291	1731	336	1776
202	1642	247	1687	292	1732	337	1777
203	1643	248	1688	293	1733	338	1778
204	1644	249	1689	294	1734	339	1779
205	1645	250	1690	295	1735	340	1780
206	1646	251	1691	296	1736	341	1781
207	1647	252	1692	297	1737	342	1782
208	1648	253	1693	298	1738	343	1783
209	1649	254	1694	299	1739	344	1784
210	1650	255	1695	300	1740	345	1785
Microera	Geminisis	Microera	Virguis	Microera	Sagitaris	Microera	Piscisis
211	1651	256	1696	301	1741	346	1786
212	1652	257	1607	302	1742	347	1787
213	1653	258	1698	303	1743	348	1788
214	1654	259	1699	304	1744	349	1789
215	1655	260	1700	305	1745	350	1790
216	1656	261	1701	306	1746	351	1791

217	1657	262	1702	307	1747	352	1792
218	1658	263	1703	308	1748	353	1793
219	1659	264	1704	309	1749	354	1794
220	1660	265	1705	310	1750	355	1795
221	1661	266	1706	311	1751	356	1796
222	1662	267	1707	312	1752	357	1797
223	1663	268	1708	313	1753	358	1798
224	1664	269	1709	314	1754	359	1799
225	1665	270	1710	315	1755	360	1800

SUBERA GEMINOS 361 a 540 (1801 a 1980)

Microera	Aris	Microera	Cancis	Microera	Libris	Microera	Capricornia
361	1801	406	1846	451	1891	496	1936
362	1802	407	1847	452	1892	497	1937
363	1803	408	1848	453	1893	498	1938
364	1804	409	1849	454	1894	499	1939
365	1805	410	1850	455	1895	500	1940
366	1806	411	1851	456	1896	501	1941
367	1807	412	1852	457	1897	502	1942
368	1808	413	1853	458	1898	503	1943
369	1809	414	1854	459	1899	504	1944
370	1810	415	1855	460	1900	505	1945
371	1811	416	1856	461	1901	506	1946
372	1812	417	1857	462	1902	507	1947
373	1813	418	1858	463	1903	508	1948
374	1814	419	1859	464	1904	509	1949
375	1815	420	1860	465	1905	510	1950
Microera	**Tauris**	**Microera**	**Leis**	**Microera**	**Escorpis**	**Microera**	**Acuaris**
376	1816	421	1861	466	1906	511	1951
377	1817	422	1862	467	1907	512	1952
378	1818	423	1863	468	1908	513	1953
379	1819	424	1864	469	1909	514	1954
380	1820	425	1865	470	1910	515	1955
381	1821	426	1866	471	1911	516	1956
382	1822	427	1867	472	1912	517	1957
383	1823	428	1868	473	1913	518	1958
384	1824	429	1869	474	1914	519	1959
385	1825	430	1870	475	1915	520	1960
386	1826	431	1871	476	1916	521	1961
387	1827	432	1872	477	1917	522	1962
388	1828	433	1873	478	1918	523	1963
389	1829	434	1874	479	1919	524	1964
390	1830	435	1875	480	1920	525	1965
Microera	**Geminisis**	**Microera**	**Virguis**	**Microera**	**Sagitaris**	**Microera**	**Piscisis**
391	1831	436	1876	481	1921	526	1966
392	1832	437	1877	482	1922	527	1967
393	1833	438	1878	483	1923	528	1968
394	1834	439	1879	484	1924	529	1969
395	1835	440	1880	485	1925	530	1970

396	1836	441	1881	486	1926	531	1971
397	1837	442	1882	487	1927	532	1972
398	1838	443	1883	488	1928	533	1973
399	1839	444	1884	489	1929	534	1974
400	1840	445	1885	490	1930	535	1975
401	1841	446	1886	491	1931	536	1976
402	1842	447	1887	492	1932	537	1977
403	1843	448	1888	493	1933	538	1978
404	1844	449	1889	494	1934	539	1979
405	1845	450	1890	495	1935	540	1980

SUBERA CANCIOS de 541 a 720 (de 1981 a 2160)

Microera Aris		Microera Cancis	Microera Libris	Microera Capricornis
541	1981			
542	1982			
543	1983			
544	1984			
545	1985			
546	1986			
547	1987			
548	1988			
549	1989			
550	1990			
551	1991			
552	1992			
553	1993			
554	1994			
555	1995			
Microera Tauris				
556	1996			
557	1997			
558	1998			
559	1999			
560	2000			
561	2001			
562	2002			
563	2003			
564	2004			
565	2005			
566	2006			
567	2007			
568	2008			
569	2009			
570	2010			
Microera Geminisis				
571	2011			
572	2012			
573	2013			
574	2014			
575	2015			

576	2016
577	2017
578	2018
579	2019
580	2020
581	2021
582	2022
583	2023
584	2024
585	2025

Equivalencia de meses

Mes Arés		Mes Taurés		Mes Geminés		Mes Cancés	
Decanato 1		**Decanato 1**		**Decanato 1**		**Decanato 1**	
Sóles	25 Marzo	Sóles	24 Abril	Sóles	25 Mayo	Sóles	24 Junio
Lúnes	26 Marzo	Lúnes	25 Abril	Lúnes	26 Mayo	Lúnes	25 Junio
Mártes	27 Marzo	Martes	26 Abril	Martes	27 Mayo	Mártes	26 Junio
Mercúres	28 Marzo	Mercúres	27 Abril	Mercúres	28 Mayo	Mercúres	27 Junio
Jupítes	29 Marzo	Jupítes	28 Abril	Jupítes	29 Mayo	Jupítes	28 Junio
Venúses	30 Marzo	Venúses	29 Abril	Venúses	30 Mayo	Venúses	29 Junio
Satúrnes	31 Marzo	Satúrnes	30 Abril	Satúrnes	31 Mayo	Satúrnes	30 Junio
Uránes	1 Abril	Uránes	1 Mayo	Uránes	1 Junio	Uránes	1 Julio
Plutónes	2 Abril	Plutónes	2 Mayo	Plutónes	2 Junio	Plutónes	2 Julio
Neptúnes	3 Abril	Neptúnes	3 Mayo	Neptúnes	3 Junio	Neptúnes	3 Julio
Decanato 2		**Decanato 2**		**Decanato 2**		**Decanato 2**	
Sóles	4 Abril	Sóles	4 Mayo	Sóles	4 Junio	Sóles	4 Julio
Lúnes	5 Abril	Lúnes	5 Mayo	Lúnes	5 Junio	Lúnes	5 Julio
Mártes	6 Abril	Martes	6 Mayo	Mártes	6 Junio	Mártes	6 Julio
Mercúres	7 Abril	Mercúres	7 Mayo	Mercúres	7 Junio	Mercúres	7 Julio
Jupítes	8 Abril	Jupítes	8 Mayo	Jupítes	8 Junio	Jupítes	8 Julio
Venúses	9 Abril	Venúses	9 Mayo	Venuses	9 Junio	Venúses	9 Julio
Satúrnes	10 Abril	Satúrnes	10 Mayo	Satúrnes	10 Junio	Satúrnes	10 Julio
Uránes	11 Abril	Uránes	11 Mayo	Uránes	11 Junio	Uránes	11 Julio
Plutónes	12 Abril	Plutónes	12 Mayo	Plutónes	12 Junio	Plutónes	12 Julio
Neptúnes	13 Abril	Neptúnes	13 Mayo	Neptúnes	13 Junio	Neptúnes	13 Julio
Decanato 3		**Decanato 3**		**Decanato 3**		**Decanato 3**	
Sóles	14 Abril	Sóles	14 Mayo	Sóles	14 Junio	Sóles	14 Julio
Lúnes	15 Abril	Lúnes	15 Mayo	Lúnes	15 Junio	Lúnes	15 Julio
Mártes	16 Abril	Martes	16 Mayo	Martes	16 Junio	Martes	16 Julio
Mercúres	17 Abril	Mercúres	17 Mayo	Mercúres	17 Junio	Mercúres	17 Julio
Jupites	18 Abril	Jupítes	18 Mayo	Jupítes	18 Junio	Jupítes	18 Julio
Venúses	19 Abril	Venúses	19 Mayo	Venúses	19 Junio	Venúses	19 Julio
Satúrnes	20 Abril	Satúrnes	20 Mayo	Satúrnes	20 Junio	Satúrnes	20 Julio
Uránes	21 Abril	Uránes	21 Mayo	Uránes	21 Junio	Uránes	21 Julio
Plutónes	22 Abril	Plutónes	22 Mayo	Plutónes	22 Junio	Plutónes	22 Julio
Neptúnes	23 Abril	Neptúnes	23 Mayo	Neptúnes	23 Junio	Neptúnes	23 Julio
		Ónces	24 Mayo			Ónces	24 Julio

El mes de Arés astronómicamente comienza el 21 o 22 de Marzo, pero debido a que los meses del calendario gregoriano (pisciano) son irregulares en el número de días, entonces el calendario acuariano empieza el día 25 de Marzo que es el día de la Anunciación del Angel Gabriel a María sobre el nacimiento de Jesucristo, y para que coincida con el calendario pisciano el día de la Nochebuena.

Los meses de Taurés y Cancés tienen 31 días y por eso tienen en el tercer decanato el día Ónces.

Mes Loés	Mes Virgués	Mes Librés	Mes Escorpiés
Decanato 1	*Decanato 1*	*Decanato 1*	*Decanato 1*
Sóles 25 Julio	Sóles 24 Agosto	Sóles 24 Sept.	Sóles 24 Octubre
Lúnes 26 Julio	Lúnes 25 Agosto	Lúnes 25 Sept.	Lúnes 25 Octubre
Mártes 27 Julio	Mártes 26 Agosto	Martes 26 Sept.	Martes 26 Octubre
Mercúres 28 Julio	Mercúres 27 Agosto	Mercúres 27 Sept.	Mercúres 27 Octubre
Jupítes 29 Julio	Jupítes 28 Agosto	Jupítes 28 Sept.	Jupítes 28 Octubre
Venúses 30 Julio	Venúses 29 Agosto	Venúses 29 Sept.	Venúses 29 Octubre
Satúrnes 31 Julio	Satúrnes 30 Agosto	Satúrnes 30 Sept.	Satúrnes 30 Octubre
Uránes 1 Agosto	Uránes 31 Agosto	Uránes 1 Octubre	Uránes 31 Noviembre
Plutónes 2 Agosto	Plutónes 1 Sept.	Plutónes 2 Octubre	Plutónes 1 Nov.
Neptúnes 3 Agosto	Neptúnes 2 Sept.	Neptúnes 3 Octubre	Neptúnes 2 Nov.

Decanato 2	*Decanato 2*	*Decanato 2*	*Decanato 2*
Sóles 4 Agosto	Sóles 3 Septiembre	Sóles 4 Octubre	Sóles 3 Noviembre
Lúnes 5 Agosto	Lúnes 4 Septiembre	Lúnes 5 Octubre	Lúnes 4 Noviembre
Mártes 6 Agosto	Martes 5 Septiembre	Martes 6 Octubre	Martes 5 Noviembre
Mercúres 7 Agosto	Mercúres 6 Sept.	Mercúres 7 Octubre	Mercúres 6 Nov.
Jupítes 8 Agosto	Jupítes 7 Sept.	Jupítes 8 Octubre	Jupítes 7 Noviembre
Venúses 9 Agosto	Venúses 8 Sept.	Venuses 9 Octubre	Venúses 8 Nov.
Satúrnes 10 Agosto	Satúrnes 9 Sept.	Saturnes 10 Octubre	Satúrnes 9 Nov.
Uránes 11 Agosto	Uránes 10 Sept.	Uránes 11 Octubre	Uránes 10 Nov.
Plutónes 12 Agosto	Plutónes 11 Sept.	Plutones 12 Octubre	Plutónes 11 Nov.
Neptúnes 13 Agosto	Neptúnes 12 Sept.	Neptúnes 13 Octubre	Neptúnes 12 Nov.

Decanato 3	*Decanato 3*	*Decanato 3*	*Decanato 3*
Sóles 14 Agosto	Sóles 13 Sept.	Sóles 14 Octubre	Sóles 13 Nov.
Lúnes 15 Agosto	Lúnes 14 Sept.	Lúnes 15 Octubre	Lúnes 14 Nov.
Mártes 16 Agosto	Martes 15 Sept.	Martes 16 Octubre	Mártes 15 Nov.
Mercúres 17 Agosto	Mercúres 16 Sept.	Mercúres 17 Octubre	Mercúres 16 Nov.
Jupítes 18 Agosto	Jupítes 17 Sept.	Jupítes 18 Octubre	Jupítes 17 Nov.
Venúses 19 Agosto	Venúses 18 Sept.	Venúses 19 Octubre	Venúses 18 Nov.
Satúrnes 20 Agosto	Satúrnes 19 Sept.	Satúrnes 20 Octubre	Satúrnes 19 Nov.
Uráncs 21 Agosto	Uránes 20 Sept.	Uránes 21 Octubre	Uránes 20 Nov.
Plutónes 22 Agosto	Plutónes 21 Sept.	Plutónes 22 Octubre	Plutónes 21 Nov.
Neptúnes 23 Agosto	Neptúnes 22 Sept.	Neptúnes 23 Octubre	Neptúnes 22 Nov.
	Ónces 23 Sept.		Ónces 23 Nov.

No siempre una persona que nace en el mes de Taurés es del signo solar de Tauro, y lo mismo pasa en los otros meses. Por lo mismo, para conocer el signo solar de una persona hay que construirle su horóscopo usando las efemérides.

Mes Sagitarés	Mes Capricornés	Mes Acuarés	Mes Piscés

Decanato 1

Mes Sagitarés		Mes Capricornés		Mes Acuarés		Mes Piscés	
Sóles	24 Nov.	Sóles	24 Diciembre	Sóles	24 Enero	Sóles	23 Febrero
Lúnes	25 Nov.	Lúnes	25 Diciembre	Lúnes	25 Enero	Lúnes	24 Febrero
Martes	26 Nov.	Martes	26 Diciembre	Martes	26 Enero	Martes	25 Febrero
Mercúres	27 Nov.	Mercúres	27 Dic.	Mercúres	27 Enero	Mercúres	26 Feb.
Jupítes	28 Nov.	Jupítes	28 Diciembre	Jupítes	28 Enero	Jupítes	27 Feb.
Venúses	29 Nov.	Venúses	29 Dic.	Venúses	29 Enero	Venúses	28 Feb.
Satúrnes	30 Nov.	Satúrnes	30 Dic.	Satúrnes	30 Enero	Sat. 1 Marzo o 29 Feb.	
Uránes	1 Diciembre	Uránes	31 Dic.	Uránes	31 Enero	Uránes	2 o 1 Marzo
Plutónes	2 Dic.	Plutónes	1 Enero	Plutónes	1 Febrero	Plutónes	3 o 2 Marzo
Neptúnes	3 Dic.	Neptúnes	2 Enero	Neptúnes	2 Febrero	Neptúnes	4 o 3 Marzo

Decanato 2

Mes Sagitarés		Mes Capricornés		Mes Acuarés		Mes Piscés	
Sóles	4 Dic.	Sóles	3 Enero	Sóles	3 Febrero	Sóles	5 o 4 Marzo
Lúnes	5 Dic.	Lúnes	4 Enero	Lúnes	4 Febrero	Lúnes	6 o 5 Marzo
Martes	6 Dic.	Martes	5 Enero	Martes	5 Febrero	Martes	7 o 6 Marzo
Mercúres	7 Dic.	Mercúres	6 Enero	Mercúres	6 Febrero	Mercúres	8 o 7 Mar.
Jupítes	8 Dic.	Jupítes	7 Enero	Jupítes	7 Febrero	Jupítes	9 o 8 Marzo
Venúses	9 Dic.	Venúses	8 Enero	Venúses	8 Febrero	Venúses	10 o 9 M.
Satúrnes	10 Dic.	Satúrnes	9 Enero	Satúrnes	9 Febrero	Satúrnes	11 o 10 M.
Uránes	11 Dic.	Uránes	10 Enero	Uránes	10 Febrero	Uránes	12 o 11 Mar.
Plutónes	12 Dic.	Plutónes	11 Enero	Plutónes	11 Febrero	Plutónes	13 o 12 M.
Neptúnes	13 Dic.	Neptúnes	12 Enero	Neptúnes	12 Febrero	Neptún.	14 o 13 M.

Decanato 3

Mes Sagitarés		Mes Capricornés		Mes Acuarés		Mes Piscés	
Sóles	14 Dic.	Sóles	13 Enero	Sóles	13 Febrero	Sóles	15 o 14 Mar.
Lúnes	15 Dic.	Lúnes	14 Enero	Lúnes	14 Febrero	Lúnes	16 o 15 Mar.
Martes	16 Dic.	Martes	15 Enero	Martes	15 Febrero	Martes	17 o 16 M.
Mercúres	17 Dic.	Mercúres	16 Enero	Mercúres	16 Febrero	Merc.	18 o 17 M.
Jupítes	18 Dic.	Jupítes	17 Enero	Jupítes	17 Febrero	Jupítes	19 o 18 M.
Venúses	19 Dic.	Venúses	18 Enero	Venúses	18 Febrero	Venús.	20 o 19 M.
Satúrnes	20 Dic.	Satúrnes	19 Enero	Satúrnes	19 Febrero	Satúrn.	21 o 20 M.
Uránes	21 Dic.	Uránes	20 Enero	Uránes	20 Febrero	Uránes	22 o 21 M.
Plutónes	22 Dic.	Plutónes	21 Enero	Plutónes	21 Febrero	Plutón.	23 o 22 M.
Neptúnes	23 Dic.	Neptúnes	22 Enero	Neptúnes	22 Febrero	Neptún.	24 o 23 M
		Ónces	23 Enero			Bisiéstes	24 Marzo

En el mes de Piscés a partir del día Satúrnes del Decanato 1 se mencionan dos fechas, debido a que la primera fecha es cuando es un año normal y la segunda fecha es cuando es año Bisiesto, ya que los años bisiestos son uno cada cuatro años para el ajuste del calendario. Los años bisiestos son el año 2000 (560 acuariano), 2004 (564), 2008 (568).... etc., o sea todos los múltiplos de 4. Por lo mismo el día bisiéstes del mes Piscés solo existe cada cuatro años, y en los otros tres años solo llega el mes hasta el día Neptúnes.

Equivalencias de Días

En el tiempo acuariano del Sendero SAT Universal que es el verdadero tiempo desde el punto de vista cósmico y universal, los meses son regulares de 30 o 31 días, divididos en tres Decanatos de 10 u 11 días cada uno, en lugar de las 4 semanas (o cuatro semanas y media) de 7 días de los meses en el calendario pisciano o gregoriano anterior.

Los días acuarianos SAT son:

> **Sóles**
> **Lúnes**
> **Mártes**
> **Mercúres**
> **Jupítes**
> **Venúses**
> **Satúrnes**
> **Uránes**
> **Plutónes**
> **Neptúnes**
> **Ónces (en Taurés, Cancés, Virgués, Escorpiés, Capricornés) y Bisiéstes (cada cuatro años en año Bisiesto en el mes de Piscés).**

No se pueden equiparar los días SAT acuarianos con los días gregorianos o piscianos propiamente, porque son cronologías diferentes, pero mientras se hace la transición del año pisciano al acuariano SAT se puedan realizar actividades sin tener muchos obstáculos, se pueden hacer las actividades del día **Domingo** en el día **Sóles**

> **Lunes** en los días **Lúnes**
> **Martes** en los días **Mártes y Uránes**
> **Miércoles** en los días **Mercúres y Plutónes**
> **Jueves** en los días **Jupítes y Neptúnes**

Viernes en los días **Venúses, Ónces y Bisiéstes**
Sábado en los días **Satúrnes**

Los nombres de los días son con palabras con acento en la penúltima sílaba (o sea, son palabras graves), como; Lúnes, Mercúres, etc., en cambio los nombres de los meses son con palabras con acento en la última sílaba (o sea, son palabras agudas), como; Arés, Taurés, etc.

Equivalencias de Horas

En el tiempo acuariano del Sendero SAT Universal los días tienen 12 Bioras, en lugar de las 24 horas del calendario pisciano, porque las doce bioras tienen que ver con los doce signos del Zodiaco.

Por tal razón, cada biora son dos horas, y de esta manera el reloj SAT tiene 12 bioras.

En el horario acuariano el día empieza cuando aparece el sol por el horizonte o cuando amanece, y no a las doce de la noche como en el horario pisciano.

Una biora como son dos horas, entonces tiene 120 minutos

Un minuto acuariano tiene 120 mesegundos, ya que un mesegundo es la mitad de un segundo, y como un minuto tiene 60 segundos, entonces un minuto acuariano tiene 120 mesegundos.

Resumiendo, en el horario SAT acuariano el día tiene

- 	**12 Bioras**
- 	Cada Biora tiene **120 Minutos,**
- 	Cada minuto tiene **120 Mesegundos**

La Biora **1:00** (acuariana) va de las **6:00 a las 7:59** horas (piscianas)
       2:00   **8:00 a las 9:59**
       3:00   **10:00 a las 11:59**
       4:00   **12:00 a las 13:59**
       5:00   **14:00 a las 15:59**
       6:00   **16:00 a las 17:59**
       7:00   **18:00 a las 19:59**
       8:00   **20:00 a las 21:59**

9:00	**22:00 a las 23:59**
10:00	**24:00 a las 1:59**
11:00	**2:00 a las 3:59**
12:00	**4:00 a las 5:59**

En el reloj SAT acuariano están las doce bioras, y entre biora y biora hay diez minutos (o sea, 120 minutos en total), por lo que la manecilla minutero da la vuelta circular total de 120 minutos para que avance cada biora, e igualmente, las 120 rayitas de los minutos también son los 120 mesegundos (o medios segundos) que tienen que dar la vuelta completa de 120 mesegundos la manecilla del mesegundero para que avance un minuto el reloj SAT acuariano.

Ejemplo de Reloj SAT acuariano

TIEMPO SAT

GAC de 25920 años

GACS Arian, Taurean, Geminian (actual), Cancian, Loan, Virgan, Libran, Escorpian, Sagitarian, Capricornian, Acuarian, Piscina

ERA de 2160 años

ERAS Arius, Piscius, Acuarius (actual), Capricornius, Sagitarius, Escorpius, Librus; Virgus, Leus, Cancius, Geminus, Taurus.

SUBERA de 180 años

SUBERAS Arios, Tauros, Geminos, Cancios, Leos, Virgos, Libros, Escorpios, Sagitarios, Capricornios, Acuarios, Piscios.

MICROERA de 15 años

MICROERAS Aris, Tauris, Geminisis, Cancis, Leis, Virguis, Libris, Escorpis, Sagitaris, Capricornis, Acuaris, Piscisis.

CICLO ADMINISTRATIVO de 5 años

AÑOS de 12 meses

MESES de 3 decanatos

MESES Arés, Taurés, Geminés, Cancés, Loés, Virgués, Librés, Escorpiés, Sagitarés, Capricornés, Acuarés, Piscés.

DECANATOS de 10 u 11 días

DIAS de 12 bioras o 24 horas

DIAS Sóles, Lúnes, Mártes, Mercúres, Jupítes, Venúses, Satúrnes Uránes, Plutones, Neptúnes, Ónces, Biciéstes.

CAPÍTULO SEXTO

SÍMBOLOS

NÚMEROS

COLORES

FORMAS

ESPACIOS

TEXTURAS

ELEMENTOS

LUGARES

ANIMALES

OBJETOS

CUERPO

PLANETAS

SIGNOS

SOCIEDADES

EDADES

MANTRAMS Y MANDALAS

SIMBOLOS

Son analogías que sirven para representar una cosa por otra, aunque lo que representa una cosa a la otra no sea idéntica ni la cosa misma, pero el símbolo sirve para correlacionar cosas y sucesos que de otra manera no podrían hacerse.

Por lo mismo, solo son formas analógicas de relacionar sucesos y cosas, por lo que no deben tomarse como verdades absolutas, sino como simples correlaciones o coincidencias.

Insistiendo en que son analogías y nunca cosas reales, por lo que las analogías con los animales (principalmente) no deben considerarse como verdades, ya que todos los animales (hasta los venenosos) deben considerarse como creaciones de Dios y se debe respetar su vida y quererlos igual a todos (aunque si hay que eliminar a los que nos pueden dañar, como las víboras y los escorpiones, de inmediato, pero solo cuando ponen en riesgo nuestra vida y salud).

NÚMEROS

La Numerología SAT nos indica que el simbolismo analógico de los números es el siguiente:

0   **Cero** Es el Círculo de Dios. Es la Nada que se convierte en el Todo, porque del Vacío y la Nada de la Conciencia surge la Totalidad y Unidad, que es la Unión SAT o Espíritu Santo. Es el Vacío que produce la Iluminación o el Nirvana.

1   **Uno** Es la Unidad de todas las cosas que es Dios. Unidad que se descompone en una multiplicidad de formas para crear el Universo, pero que finalmente sigue siendo Uno. Es el Padre Celestial

2   **Dos** Es la Dualidad o primera división de la Unidad. O sea, la pérdida de la Unidad que permite que se empiece a mover esa totalidad, y con el movimiento se empieza a multiplicar todo. Esta Dualidad en movimiento se convierte en Dialéctica o partes opuestas en interacción constante que

genera todas las cosas. Por lo mismo es la Génesis Universal. Es la Madre Universal. La Dualidad es el Reino de los Ángeles de Luz o los demonios negros de maldad.

3   **Tres** Es la Trinidad Divina o Triángulo que se convierte en la Pirámide Iniciática cuando adquiere la Direccionalidad hacia arriba, el Cielo y la Divinidad. Este Triángulo con la punta hacia arriba es la Evolución en la Pirámide Iniciática hacia la Luz de la Divinidad, pero con la punta hacia abajo es la Involución o descenso hacia los Infiernos, el Diablo y la oscuridad. Es la Direccionalidad del libre albedrío. Es símbolo del Perfeccionamiento. Por lo mismo, el tres es símbolo del Espíritu junto con el cero.

4   **Cuatro** Es la Materialidad y solidificación. Es el símbolo de la materia, lo sólido y denso. Mientras mas se materializa algo menos evoluciona, o mientras tiene mas materia tiene menos Espíritu. El cuatro de la materia se representa porque son los cuatro puntos cardinales del mundo, que ubican las dimensiones espaciales, así como los cuatro elementos de la antigüedad.

5   **Cinco** Es el Microcosmos, y los Seres Evolucionados por el Espíritu Santo SAT en forma ascendente evolutiva, desde lo material, vegetal, animal, humano y SAT. Es la Estrella de Cinco puntas que guió a los reyes astrólogos hacia el Niño Dios, debido a que ahí se encuentra el Espíritu Santo. Es la duración de los Ciclos Administrativos en la Sociedad SAT.

6   **Seis** Es el Macrocosmos de la Estrella de David, porque simboliza al Triángulo de Evolución junto al triángulo de involución, lo que significa que es todo lo existente en interacción, que es lo evolutivo y lo involutivo. Esta integración de ambos triángulos mantienen la Armonía y el Equilibrio Universal.

7   **Siete** Son los Siete Niveles o Reinos de Existencia, por lo que es un símbolo muy profundo. A nivel del Adepto en Perfeccionamiento son los siete Chakras o Energías. El Uno al igual que el Siete son símbolos de Dios, debido a que uno es descendente y el otro es ascendente.

8   Ocho Después de alcanzar los Siete Reinos de la Existencia aparece el Diablo para destruir la Unidad, creando la doble materialidad de dos veces cuatro, que produce una mayor densidad y lo mas bajo, hasta caer a los abismos de la oscuridad y la densidad. Por eso, el ocho es símbolo de la muerte y de la involución a Lucifer, así como, regresar del abismo de la superdensidad del ocho a la materialidad simple del cuatro.

9   Nueve Es la Iniciación porque es Tres veces Tres, o sea, Tres Veces Perfeccionado. Es el número del Mesías de Era, solo por debajo del Mesías Cristo que es el Diez. Edad de la Confirmación en el Sendero SAT. El nueve aparece para el perfeccionamiento hacia Dios, después que en el ocho apareció la esencia del Diablo para destruir y competir.

10 Diez Es el Símbolo del Cristo ò Jesucristo Nuestro Señor, único Grado Diez por todos los tiempos, debido a que el 10 se convierte en 1 al sumar 1 mas 0. Uno que es la Unidad y Cero que es Dios mismo, porque Jesucristo es hombre por lo que ascendió al máximo grado 10 y es Dios por lo que descendió del Uno a la vez. El número I es la primera letra de Iesucristo, así como el 0 es la última letra de la misma palabra de diez letras de Jesucristo. Son los diez días del Decanato y los diez Grados de la Pirámide Iniciática.

11 Once Número de la Era de Acuarius. Después de Cristo el 10 solo están los Ángeles de Dios, que son el 11, porque 1+ 1 = 2, que es la dualidad de los Ángeles de Luz.

12 Doce Símbolo del Cosmos, porque es la representación del Universo. Es la División Perfecta de la Unidad, que se manifiesta a través de doce planos universales que son los doce signos del Zodiaco, y por lo mismo, los doce Apóstoles de Cristo, las doce tribus de Israel y los doce meses del año. En estos doce planos del Universo se contienen las líneas generales del Cosmos. Son los doce Ministerios del Sistema SAT Universal, las doce etapas de la vida de Jesucristo, y otros simbolismos mas.

13 **Trece** Número que sigue después de la Organización Universal del Cosmos contenida en el Doce, por lo que es el que viene a romper esa Armonía Universal del doce, o sea, el Trece es símbolo del caos y la destrucción. Al igual que el ocho, el trece viene a romper la Armonía y es símbolo del Diablo, y por eso en el capítulo 13 del Apocalipsis se menciona a la Bestia (Lucifer).

14 **Catorce**

15 **Quince** Duración de años de una Microera.

16 **Dieciseis** Ingreso al Primer Grado de la Pirámide Iniciática. Inicio de la adultez, o capacidad de trabajar, e iniciar la vida sexual. Inicio de la Etapa Geminal.

25 **Veinticinco** Ingreso al Segundo Grado Iniciático. Inicio de la Etapa Cancial.

32 **Treintaidos** Número del Subgrado de los Mesías de Era. Inicio de la Etapa Loal.

33 **Treintaitres** Número del Sugrado de Jesucristo, por lo que fue su Crucifixión y su Resurrección a esta edad. Inicio de la Madurez.

40 **Cuarenta** Son las semanas de gestación del Ser humano. Y los cuarenta días del ayuno de Cristo en el desierto.

66 **Sesentaiseis** Inicio de la Vejez.

72 **Setentaidos** Años que dura un Grado de Era Prescesional, de los 72 Discipulos de Jesucristo, los 72 Valores y Apóstoles del Sistema SAT Universal

2160 **Dos mil ciento sesenta años** Duración de una Era.

25920 **Veinticinco mil novecientos veinte años** Número de años que dura un GAC o Gran Año Cósmico (o Ciclo Crístico)

Los números mas simbólicos son:

0	Dios, Unión
1	Unidad, Dios, A
2	SA o Ángeles de Dios
3	SAT o Nivel SAT y Divina Trinidad

5	Duración de cada Ciclo Administrativo SAT
7	Niveles de Existencia o Reinos Universales, Chakras
9	Mesías de Era, Iniciación
10	Jesucristo, Dios, Unión, Grados de la Pirámide Iniciática
12	Doce manifestaciones universales, 12 meses, 12 apóstoles
15	Años de una Microera
33	Resurrección de Cristo, Inicio de la Madurez
66	Inicio de la Vejez
72	Años de un grado de Era, 72 Valores SAT
180	Años de una Subera
2160	Años de una Era Prescesional
25920	Años del Ciclo Crístico o Gran Año Cósmico GAC

COLORES

La Cromología SAT nos indica que el simbolismo analógico de los principales colores en el SAT es el siguiente:

Blanco Es el símbolo de Dios, porque representa la Luz Divina. Representa también la Pureza y lo mas Elevado, por lo que es el color de los Ángeles de Luz. Es el color de Jesucristo, que es la Luz del Mundo.

Amarillo Es el símbolo de la Manifestación de Dios y de la Luz Divina como manifestación y no como esencia, porque es el Brillo de la Luz. Representa Espiritualidad e Iluminación. Los Mesías Era y el Mesías Cristo usan el Blanco, el Amarillo (en la Casulla) y el Oro (en la Cruz SAT). Es el color del mes de Loes y del Ministerio de Recreación y Turismo (MRT), porque es el de la Alegría y la Recreación.

Oro Es el símbolo de Dios como muestra de Adoración a Él, y por lo mismo los objetos sagrados del Altar y Ara SAT deben ser de dorados. Es el color de la Cruz SAT de los Adeptos Iluminados o SATs.

Plata Es símbolo de los Ángeles de Luz como manifestación. Es el color de la Cruz SAT de los Adeptos de Ordenes Mayores.

Gris claro Es el símbolo del Misticismo y la Espiritualidad interna y profunda, o sea, la Santificación, ya que la carencia de los colores mundanos es la representación de los desapegos materialistas a favor de los valores espirituales. Es el color de los Santos junto con el blanco, el plata y el oro. Es el color interno del Templo SAT, que es un lugar de meditación y recogimiento espiritual. Es también el color del Ministerio de Educación y Espiritualidad (MEE) y de la casulla de los Adeptos SAT del 8° grado. Es el color del mes de Pisces.

Púrpura Que es un color entre morado y bugambilia, y que representa el Manto de Cristo, porque es el color del Rey Universal. Es el color de la Espiritualidad Predicativa.

Morado Es el color de la Era de Acuarius y de la Iniciación SAT, que es en el mes de Acuares. Es la Sabiduría aplicada, y por lo mismo, es el color del Ministerio de Enseñanza y Capacitación (MEC). Es el color de la Casulla del Adepto SATi de grado 7°.

Café Es el color de la Sabiduría adquirida, así como el símbolo de la Meditación, el Ascetismo, la Austeridad, la Disciplina y la Yoga, y por lo mismo es el color de los gurus, los yoguis, y los monjes junto con el gris claro. Representa la madera de la Cruz de Cristo, porque es la Sabiduría misma. Las letras en el Sendero SAT son casi siempre en color café, principalmente las de las portadas de los libros y las del Altar SAT. Es el color de la casulla del Adepto SATi de 6° grado, el color del mes de Capricornes o mes del Cristo y del Ministerio de Economía y Trabajo (MET).

Tejocote Es el color de los misioneros y predicadores espirituales, porque es la combinación del amarillo de la espiritualidad con el rojo de la acción. Es Devoción activa, así como el gris es Misticismo interno. Es el color de los profesores y de la casulla de los Adeptos

SATi de 5° grado. Es el color del Ministerio de Comunicaciones y Transportes (MCT) y del mes de Sagitarés.

Rosa En el Sendero SAT Universal se utiliza para representar la Tutoría, y es el color de la casulla del sacerdote en este Sacramento de Tutoría, así como del tutoreado. Es el color del cintillo del Adepto Sati de 4° grado.

Crema En el Sendero SAT Universal representa al Sacramento del Bautismo, debido a que es casi blanco como lo es un recién nacido, aunque no totalmente blanco, porque el blanco total es solo símbolo de Dios y la Luz Divina. Es el color del mes de Cancés, del Ministerio de Población y Vivienda (MPV) y de la casulla del Sacerdote en el Sacramento del Bautismo.

Azul Representa al Conocimiento de todos tipos, desde la información y el conocimiento cotidiano y practico, hasta el conocimiento científico, tecnológico y espiritual. Es por lo mismo el color del Estudio y el estudiante. Es el color del mes de Gemines, del Ministerio de Distribución y Comercio (MDC), y del cintillo del Adepto Sati del 3° grado Iniciático. Simboliza el cielo, y por lo mismo, a la Espiritualidad, pero enfocada hacia el conocimiento de la misma, mas que a la práctica mística, que mas bien les corresponde al gris y al amarillo. Lo utiliza el sacerdote en su casulla en el Sacramento de Graduación e Inscripción de Estudios, así como los estudiantes inscritos y graduados.

Verde Simboliza a la naturaleza, el campo y la vegetación, pero principalmente es símbolo de Paz, porque es el color del planeta Venus del Amor y el Equilibrio. Es el color del mes de Librés, del Ministerio de Administración y Justicia (MAJ) y del cintillo del Adepto Sati del 2° grado y la casulla del sacerdote en el Sacramento de Amantía.

Limón Que es un color intermedio entre el verde y el amarillo, y representa lo mismo que el color verde. Es el color del Ministerio de Agropecuaria y Alimentación (MAA) y del mes de Taurés.

Nanche Que es un color amarillo anaranjado y se utiliza en el Sacramento de la Confirmación, tanto en la casulla del Sacerdote como en la túnica del confirmado, debido a que es un color que tiende a amarillo que es el color de los iniciados, pero que aún no es amarillo sino amarillo anaranjado, o sea, nanche.

Caquí Que es un color café amarillento, y se utiliza en el Sacramento de Residencia, tanto en la casulla del sacerdote como en los que reciben este sacramento de residencia.

Mandarina Que es un color intermedio entre rojo y tejocote, o un rojo anaranjado, y es el color que representa al sexo masculino, por lo que en el Sacramento de Amantía el hombre se viste con cafal rojo. Es también el color del Deporte (junto con el amarillo que es recreación).

Turquesa Que es un color entre azul y verde, y es el color que representa al sexo femenino, por lo que en el Sacramento de Amantía la mujer se viste con cafal turquesa. Es también el color del Ministerio de Salud y Asilo (MSA) y del mes de Virgués.

Rojo Simboliza la actividad, la acción y la energía. Es el color del mes de Arés, del Ministerio de Industria y Energía (MIE). Es el color del cintillo del Adepto Sati de 1° grado y de la casulla del sacerdote en el Sacramento de Extremaunción.

Bugambilia En el Sendero SAT Universal es el color del Ministerio de Protección y Defensa (MPD).

Marrón Que es un color entre rojo y café (o ladrillo) y es el color que utiliza en la casulla el sacerdote en el Sacramento de Trabajo.

Negro Simboliza al Diablo, y por lo tanto, a la oscuridad, la maldad, el odio, el rencor y a las personas pecadoras y delincuentes. Es el color que usan los delincuentes en las prisiones. Es la carencia de luz, o sea la carencia de Dios. Es el color del mes de Escorpiés. También lo usa en la casulla el sacerdote en el Sacramento de Funeral y las personas que querían al difunto.

FORMAS

La Geometrología SAT menciona que el simbolismo de las formas y figuras es el siguiente:

Círculo Simboliza a Dios, porque es la Unidad y la Totalidad de todas las cosas. Es un solo trazo porque es la Unidad y por ser circular significa que todo regresa a su origen que es Dios mismo y el Absoluto, que es el principio y fin de todas las cosas, o el Alfa y Omega. Con un punto en el centro el círculo también representa a Dios y al Sol, que es una analogía con Dios,

Línea vertical Simboliza el polo activo que asciende y desciende según su tendencia. Es la Aspiración espiritual cuando asciende. Es el movimiento y la acción y es el polo masculino de la Cruz.

Línea horizontal Simboliza al polo pasivo, que permanece en forma estable. Es la estabilidad y es el polo femenino en la Cruz.

Cruz Es el símbolo de la Dialéctica entre lo activo y lo pasivo, entre el cambio y la permanencia, entre la iniciativa y la estabilidad, entre lo masculino y lo femenino, entre lo espiritual y lo mundano. La parte baja de la línea vertical es lo instintivo y lo bajo, que si sube y rebasa la línea horizontal se convierte en lo espiritual, porque la parte alta de la línea vertical representa la Divinidad.

Cruz de Cristo Es el símbolo mas perfecto después de el Círculo de Dios, porque Cristo es al mismo tiempo Dios y hombre.

Semicírculo o Medio círculo Simboliza la Conciencia Humana y sus valoraciones. Es la primera división del círculo, y por lo mismo, simboliza la primera división de Dios que son los Ángeles. La

Luna invertida representa a los demonios. Es el símbolo de la Luna que representa en la Astrología a la Conciencia Humana con sus emociones y sensaciones.

Triángulo Simboliza la Evolución Espiritual y la Jerarquía Universal. La base ancha representa al pueblo que no ha evolucionado y la Cima a la Culminación Espiritual ya la Perfección, que solamente es Jesucristo Nuestro Señor único Dios hecho hombre. En la parte alta del Triángulo se encuentran los seres que logran la Iluminación, que es el Estado SAT, la Salvación o Unión. Es símbolo de la Divina Trinidad de Dios Padre, Dios Hijo, Dios Espíritu Santo, o de SAT, Chit, Ananda, o de Brama, Shiva, Vishnú, o de Isis, Osiris, Horus, y otras trinidades mas. Es la Pirámide Iniciática SAT.

Triángulo invertido Simboliza dos conceptos, que son en sentido positivo representa el Descenso de Dios, los Ángeles y la Luz hacia el mundo, pero en sentido negativo representa el descenso hacia los infiernos y la caída al abismo, o sea, la Involución y el retroceso humano.

Cuadro Simboliza a la materia, y por lo tanto a la naturaleza y la realidad. Representa la sólido y tangible. Esta materia se representa por los cuatro elementos; fuego, tierra, aire y agua, así como por los cuatro puntos cardinales; norte, sur, este, oeste. Es símbolo de materialidad carente de espiritualismo en el sentido negativo. Los que adoran un cuadro no son espirituales, sino bajos.

Estrella de David Simboliza al Macrocosmos, porque es tanto la Evolución y la Involución juntas. Por lo mismo, es la Armonía y Equilibrio Universal.

Yen – Yin También nombrado Yin Yang, que representa las dos polaridades de masculino (Yen) y femenino (Yin).

ESPACIOS

Centro Representa la parte mas importante. Es la coordinación y dirección de donde parte todo. Es Dios y la Escencia de donde parte todo.

Arriba Morada de Dios en lo mas alto. Representa la Elevación, porque mientras mas alto se está, mas cerca de Dios y la perfección. Hacia arriba es la Evolución hacia la Divinidad.

Abajo Representa la carencia de espíritu que es la bajeza y vulgaridad humana. Mientras mas abajo se está en lo espiritual mas cerca se está del diablo y la maldad.

Subterráneo Todo lo subterráneo es símbolo del mal, del egoísmo y del diablo.

Derecha Es la guía y la dirección, la que lleva al orden y al sistema conforme a la ley. Es el bien, el orden y lo correcto.

Izquierda Es la rebeldía en el sentido negativo, o lo complementario en el sentido positivo. Es lo que sale del orden y la anarquía que conduce a la delincuencia y al mal. La mano izquierda de Jesucristo es el ladrón Gestas no redimido, mientras que el de la derecha Dimas es el ladrón redimido (salvado).

Periferia Simboliza el alejamiento del centro, y mientra mas alejado se está menos importante se es.

Base Simboliza al pueblo, a la gran mayoría que no ha evolucionado lo suficiente.

Cima Simboliza la Perfección y la Máxima Evolución. El único en la Cima de la Pirámide Iniciática es Jesucristo, porque es el único Grado 10 Perfecto, que es Dios, Humano y Espíritu Santo al mismo tiempo.

TEXTURAS

Fino Simboliza lo que ha mejorado a la casi perfección. Representa Evolución y Perfeccionamiento.

Burdo o vulgar Simboliza lo que no ha mejorado ni se ha perfeccionado, mostrándose imperfecto, retrogrado y primitivo

Visible Simboliza lo denso que aún es material y por lo mismo, menos evolucionado que lo espiritual, por eso los valores materiales y sensuales son mas bajos que los valores espirituales que son menos visibles, pero mas evolucionados.

Invisible Mientras menos visible mas evolucionado, y por eso los ángels y el espíritu son invisibles y no materiales.

Brillante Mientras mas brillo se tiene mas evolucionado y perfeccionado se es, hasta llegar a lo mas brillante que es la Luz Divina.

Opaco Es lo que no tiene cualidades porque no se ha pulido ni refinado

Frío En el frío del invierno nació Jesucristo porque el frío es mas espiritual como el Cielo que el calor como el infierno.

Caliente El fuego es purificador pero también es destructor. Generalmente es símbolo de bajeza y pasión.

Duro Puede representar fuerza y voluntad. También puede simbolizar insensibilidad y poca comprensión.

Suave Representa lo agradable y humano, así como lo bueno y bondadoso. En algunos casos puede representar debilidad y pereza. Pero mas vale pecar de suave que de duro.

Superficial Lo que no representa la esencia de algo sino solo su apariencia.

Profundo Es la esencia misma de algo y no solo su apariencia exterior.

ELEMENTOS

Fuego Significa la Purificación y la Luz Divina. Es símbolo del astro rey que es el Sol. Es símbolo de entusiasmo, pasión, fortaleza vitalidad, y poder.

Agua Simboliza al Bautismo que es la Purificación y eliminación de los pecados. Es para la limpieza del cuerpo y el alma.

Tierra Simboliza la base de todas las cosas. Es la simiente material sobre lo que las cosas existen. Símbolo de austeridad y fecundidad también.

Aire Simboliza lo mas evolucionado porque es lo mas sutil y lo mas elevado en el espacio. Representa la Inteligencia y al Espíritu Santo.

Mineral Simboliza al mundo material y de los apegos a la tierra y el materialismo, pero también es símbolo de realidad y concreción objetiva.

Vegetal Representa la fecundidad y la belleza de las flores y de venus.

Animal o carne Es el vehículo y morada del Espíritu, pero puede ser que el sujeto no trascienda a la bajeza de la sensualidad deseando solamente los placeres bajos y vulgares del cuerpo, como el descanso, la comida y el sexo, que no son malos en si mismos, pero cuando se quedan únicamente o principalmente en ellos, entonces son causa de bajeza y vulgaridad.

Hidrocarburos y petróleo Es la materia de los animales muertos hace muchos años (fósiles), que son al mismo tiempo fuente de energía. Como es subterráneo, oscuro y útil ha sido causa de constantes conflictos y guerras por conseguirlo.

Humo Es aire enrarecido o sucio por la combustión y muy dañino para los pulmones. En el tabaco es símbolo de vicio e intoxicación, y en las ciudades es causa de contaminación y suciedad.

Incienso Es símbolo de Divinidad y Espiritualidad desde la antigüedad, porque su aroma genera en el cerebro tendencias místicas.

Eter Es una substancia que significa espiritualidad y otro nivel del ser.

Electricidad Máximo símbolo de la Era de Acuarius y de Urano.

Diamante Puede ser símbolo de Dios porque es el mineral mas puro, fino y duro.

Oro Principal símbolo de Dios y la Jerarquía Iniciática Superior de los Sats y Jesucristo.

Plata Es un símbolo de los Ángeles y de los Iniciados de Ordenes Mayores.

LUGARES

Cielo Representa la morada de Dios, los Ángeles y las Almas Elevadas, aunque Dios está en todas partes al mismo tiempo.

Tierra Significa la realidad de este mundo donde nos encontramos y donde elegimos ascender hacia el Cielo o descender hacia el Abismo o Infierno.

Infierno Representa la morada del Diablo y sus demonios, y a donde van a parar los pecadores que no se redimen ni se arrepienten de sus pecados. Está en el lugar mas bajo y profundo y donde hay un fuego eterno. También se le nombra averno.

Montaña (o monte) Simboliza la Evolución en la Tierra, donde se recibe la Luz Divina, y por eso tiene la forma irregular de un triángulo, porque es una representación natural de la Pirámide Iniciática. Por tal motivo, Jesucristo dio su Enseñanza en el "Sermón del Monte", y por eso mismo, también fue crucificado en el Monte del Golgota. También Moisés recibió de dios las Tablas de la Ley en el Monte del Sinaí.

Caverna (o cueva) Simboliza al reino de la oscuridad y el mal, y donde moran los seres del mal. Por lo mismo, en las cuevas habitan murciélagos y vampiros que chupan la sangre, así como una serie de animales venenosos, como víboras y otros mas.

Abismo Simboliza el lugar donde caen los pecadores y llegan hasta lo mas bajo y profundo, hasta llegar a la entrada del Infierno.

Desierto Simboliza la soledad y el silencio, donde se pone a prueba el Espíritu y la Voluntad, y donde se puede buscar a Dios (que está en todas partes). Por lo mismo, Jesús fue tentado en el desierto por el Diablo.

Volcán Es la falsa montaña, que quiere rivalizar en altura, pero que finalmente brota en violencia y explosión en las erupciones.

Selva Representa la Vida y la Abundancia, llena de flora y fauna, pero donde todo está en bruto y donde no ha habido un proceso de perfeccionamiento.

Ciudad Simboliza la Civilización y la Evolución, donde vive la especie mas evolucionada que es el Ser Humano.

ANIMALES

Cordero y oveja Simboliza la Obediencia a Dios, como el "cordero de Dios".

Carnero Símbolo del signo de Aries, y por lo tanto, de fuerza y valentía, así como de violencia.

Toro y vaca Símbolo del signo de Tauro, así como de la abundancia. El Buey Apis es un símbolo sagrado de la India.

Cangrejo Símbolo de Cáncer, y por lo tanto de protección en una caparazón externa y sensibilidad interna.

León Símbolo del Rey de la selva, así como el Rey de los hombres, con Nobleza y Jerarquía, pero también autoritarismo a veces. Símbolo de Leo.

Escorpión En la Biblia se le asocia con el Diablo y por eso Jesucristo dice "Vi a Satanás descender como un rayo, pero no se enorgullezcan de pisar serpientes y escorpiones, sino en que sus nombres estén inscritos en el Cielo". Símbolo del mal porque el escorpión es un animal venenoso, tremendamente agresivo y el mas peligroso de todos, porque ataca sin que nadie se de cuenta, y su veneno es mortal. Es el símbolo de Escorpio.

Caballo Símbolo de libertad, rapidez y nobleza, pero también impetuosidad. Representa a la mitad del signo de Sagitario.

Cabra Simboliza la Evolución pero pasando a través de pruebas y obstáculos, porque la cabra para llegar a la Cima tiene que vencer muchos obstáculos y dificultades que presenta la montaña escabrosa. Es símbolo del signo de Capricornio.

Pez Símbolo de la Era de Piscius y de la Iglesia Cristiana, porque Jesucristo dijo a sus Apóstoles "Yo los haré pescadores de hombres". Es símbolo de Piscis.

Paloma Es el símbolo de la Paz y el Espíritu Santo, por lo que Jesús recibió el Espíritu Santo como paloma que descendía del Cielo cuando estaba siendo bautizado por Juan en el río Jordán. Es uno de los símbolos de Libra.

Águila Simboliza la fuerza del Espíritu que lucha contra el mal, como cuando el águila devora a la serpiente. Su vuelo alto representa la elevación del alma sobre la materia. Pero también puede ser rapacidad. Símbolo de Acuario.

Halcón Es el animal mas veloz de todos los existentes, por lo que representa agilidad. Símbolo de Géminis.

Perro Es un animal fiel y noble con el que el ser humano mas se relaciona. Es bravo cuando se le provoca y manifiesta su instinto. Fuerza y docilidad al mismo tiempo.

Buitre Debido a que se alimenta de carroña se le asocia a un alma sucia, baja, inmunda y mezquina, que vive de la desgracia ajena.

Cuervo Esta ave por volar representa el deseo de espiritualidad, pero por ser negra se convierte en una deformación de la espiritualidad, y por ser un ave que saca los ojos de los demás, se convierte en un ser que quita la Luz, o sea, un símbolo de la oscuridad y las tinieblas. Por lo mismo, la búsqueda de espiritualidad se convierte en Brujería y maldad.

Gato Es un animal doméstico y muy cariñoso, pero también huraño y misterioso, por lo que representa ambos lados el claro y el oscuro.

Rata Es un animal mas que vive de acuerdo a las leyes de la naturaleza y la biología como todos los animales, pero que por andar siempre entre la basura, las cañerías y la suciedad, además de ser transmisor de la rabia, se le asocia con la vulgaridad y la suciedad, así como la agresividad también.

Puerco Es de los mayores benefactores de la humanidad (junto con la vaca), porque provee de alimento a todos, pero por vivir en chiqueros y revolcarse en el lodo se le asocia con suciedad. Es por lo mismo, símbolo de abundancia, protección y suciedad.

Serpiente y víbora A la serpiente se le asocia con la Sabiduría, porque sus movimientos son muy cautelosos y calculados, como en el mundo prehispánico donde era Quetzalcóatl. La víbora que es la serpiente venenosa, por arrastrarse en el suelo y tener una picadura peligrosa y mortal, se le asocia con el mal y con el mismo Diablo, como la víbora del Edén que pervierte a Adán y Eva.

Elefante Por su enorme tamaño y su fuerza se le asocia con fortaleza, y por ser herbívoro que no mata animales para comer, se le asocia con bondad. Entonces fuerza y bondad hacen que el elefante sea un símbolo espiritual muy importante en el Oriente.

Langostas Representa a plagas que destruyen todo y por lo mismo, son símbolos del mal en la Biblia.

Sapos Por vivir siempre en el lodo y los charcos de agua sucia representan bajeza y vulgaridad.

Hormiga Se considera que es de los animales mas fuertes y trabajadores de toda la naturaleza, por eso son símbolo de trabajo y servicio. Uno de los símbolos de Virgo.

Burro Es de los animales mas fuertes, resistentes y trabajadores, que soportan las mayores adversidades y obstáculos, y por lo mismo, son símbolo de Disciplina y Trabajo, aunque cuando se aferra el burro a algo se vuelve terco y necio. Es uno de los símbolos de Capricornio.

Camello Simboliza lo mismo que el burro pero en el desierto como el burro en la montaña.

Mariposa Su belleza de colores y su vuelo ligero y gracioso permite que se le asocie con el arte, la belleza y el alma femenina.

Vampiro y murciélago Simbolizan la falsa espiritualidad, porque aunque vuelan (espiritualidad) lo hacen dentro de la caverna y la oscuridad, además de que chupan la sangre de sus víctimas. Por lo mismo, mas bien es una mal nombrada espiritualidad que es en el fondo Brujería.

Conejo Su gran fecundidad lo hacen que represente la maternidad. Uno de los símbolos de Cáncer.

Venado Se ligereza para correr y su gran pacifismo lo hacen símbolo de Paz y Armonía. Es uno de los símbolos de Libra.

Zorro Su habilidad para cazar y para librarse de los cazadores lo convierte en un símbolo de inteligencia y astucia.

Chimpancé Es el animal no humano mas inteligente de todos (junto con el delfín y el loro). Representa inteligencia y simpatía. Es uno de los símbolos de Géminis.

Estos son simbolización de los animales, pero no cosas reales, por lo que no se debe maltratar a cuervos ni ningún animal, solo a los que son un peligro para los humanos, como las víboras y escorpiones.

OBJETOS

Puerta Simboliza el paso de una etapa o fase a otra, o de un cambio de un lugar a otro.

Ventana Simboliza que a través de esta se ve otra realidad.

Llave Es tener los medios para ingresar a otra fase o nivel, como cuando Jesucristo le entregó a su Apóstol Pedro "Las llaves del Reino de Dios".

Escalera y escalón Es un ascenso o avance en la Evolución o en la Espiritualidad hacia Dios. Es el aumento de Jerarquía humana o espiritual.

Laberinto Simboliza una prueba que pone a prueba al Adepto, que no encuentra la salida, pero que si la logra encontrar obtiene un beneficio o un don.

Libro Simboliza la Sabiduría porque es la Sabiduría misma la que se encuentra en el libro. Es el símbolo del Tercer Grado Iniciático SAT de la Instrucción.

Flor Representa la manifestación de Amor de Dios hacia los humanos y de los humanos entre ellos mismos. Es el Símbolo del Segundo Grado Iniciático SAT de la Redención.

Martillo Representa el Trabajo y el esfuerzo por conseguir un bien o un beneficio usando las herramientas y la capacidad corporal. Es el Símbolo del Primer Grado Iniciático SAT.

Rosa Simboliza la belleza (de la rosa) que para conseguirse antes hay que pasar por las espinas (sufrimientos) del tallo.

Guirnalda Es una planta que se ha utilizado para simbolizar Gloria y Triunfo.

Espada Tiene el simbolismo de cortar el mal, arrancando la mala hierba, pero también de la agresión y violencia como manifestaciones del mal y el egoísmo. Jesús dijo a Pedro "Pedro deja la espada, porque el que con espada hiere con espada muere".

Copa Símbolo de triunfo mundano y social exterior.

Cáliz Símbolo del Sacrificio Eucarístico, que es un Triunfo Espiritual y Divino. Es el Símbolo del Quinto Grado Iniciático SAT de la Consagración del Sacerdote en la entrega de su vida a Jesucristo.

Piedra Representa la Sabiduría del renunciamiento a las riqueza y a la vida mundana, basándose en lo mas natural y de menos valor material que puede existir que es una simple piedra del camino. Simboliza el Desapego del Guru y Maestro Espiritual que no desea ningún bien material. Es el Símbolo del Sexto Grado Iniciático SAT, porque es la Liberación de las ataduras mundanas. Símbolo del Mahatma y el Guru.

Bastón y báculo Simboliza el Apoyo para el Sendero y el Camino. Es el apoyo por el mundo predicando las Verdades Universales y Divinas. Es el Símbolo del Séptimo Grado Iniciático SAT de la Predicación de los Apóstoles.

Corona Símbolo de Jerarquía, Éxito y Poder, de los gobernantes y reyes de la tierra.

Corona de espinas Símbolo del Rey de Reyes Jesucristo Nuestro Señor, cuyo Reino no es de este mundo sino del mundo Espiritual de Dios.

Cuerda Representa un instrumento de trabajo para atar y jalar cosas y unir personas o un instrumento de pena cuando se usa para ahorcarse por arrepentimiento o castigo, como la cuerda que usó Judas Iscariote para ahorcarse por el arrepentimiento de haber traicionado a su Maestro Jesús.

Vela Simboliza la Santidad por la Iluminación del Nirvana, porque Jesucristo dijo "Yo soy la Luz del Mundo, quien me sigue no va a obscuras". La Iluminación de los Budas. Es el Símbolo del Octavo Grado Iniciático SAT de la Iluminación.

Balanza Simboliza la Justicia Divina, así como el Equilibrio y la Armonía Universal. Símbolo del Signo de Libra.

Arpa Simboliza la música de los Ángeles y una manifestación bella de Dios.

Trompeta Simboliza también al igual que el arpa la Voz de Dios y el Verbo Divino.

Rayo Simboliza la Ira de Dios con la Caída de Luzbel para convertirse en el Diablo Lucifer.

Columna Representa uno de los soportes del Sendero, la Disciplina y la Doctrina. Hay dos columnas en el Sendero SAT Universal, que son la columna Yen (activa y masculina) de color mandarina del Deber y la columna Yin (pasiva y femenina) de color turquesa del Amor.

Anillo Representa la adquisición y la portación de un status, nivel o rol adquirido. Es de cobre en los Satis de Ordenes Menores (del 1° al 4° Grado), de plata en los Satis de Ordenes Mayores (del 5° al 7° Grado) y de oro en los Grados SAT (del 8° al 10° Grados). También en diversos Sacramentos se otorga. Es de plástico en los Adeptos no iniciados o Satnis.

Estrella Simboliza los Mensajes de Dios, así como a sus Ángeles de Luz.

Candeleros Representa las Iglesias y los Templos de Dios, ya que cada vela del mismo es una Iglesia o Templo.

Venda sobre los ojos Representa la ignorancia y la vulgaridad o bajeza espiritual.

Flecha Representa hacia donde sigue el camino, así como la Aspiración hacia algo Superior.

Pedestal Lo que se coloca encima del pedestal representa a alguien o algo muy importante, que tiene una Dignidad especial. Los SATs pueden ir en pedestales para conmemorarlos, aunque también otras personas que merecen tal distinción, aunque no sean SATs.

Árbol Representa al árbol genealógico o génesis de algo o un grupo social o familiar. Es símbolo de Espiritualidad el árbol cuando es la sombra de la Oración y la Meditación, como el árbol de la higuera donde el Buda alcanzó el Nirvana o Iluminación.

Pirámide Representa el Sendero Iniciático SAT Universal, así como otras Iniciaciones. Es el Símbolo de la Evolución y el Sendero que lleva hacia la Perfección de la Humanidad. La Pirámide SAT Universal tiene Diez Grados de Perfeccionamiento, siendo el único Grado 10 Jesucristo Nuestro Señor, que es el único Dios hecho hombre, y siendo el Grado Nueve el de los Avatares, como los MesíasEra, las Vírgenes y los Magnusats.

Lámpara Simboliza la Luz que guía en el Sendero de la Sabiduría y la Santidad.

CUERPO

Cabeza La cabeza donde se encuentra el cerebro es lo mas evolucionado del ser humano, donde reside la Inteligencia, la sabiduría y la Dirección del organismo.

Corazón Es el centro, y por lo mismo, es el símbolo del Amor Universal y la devoción a Dios, ejemplificado en 2El Sagrado Corazón de Jesús".

Ojos Simbolizan el espejo o ventana del Alma y conciencia. Representa la Aspiración Espiritual si ve hacia el Cielo, la vida diaria si ve al frente y la bajeza e instintos si ve hacia abajo.

Boca Son la dualidad de el Verbo Divino o el contacto con los placeres de la comida o el sexo, en otras palabras lo Elevado y lo bajo y vulgar.

PLANETAS

Sol Símbolo de Dios y de lo mas grande. Simboliza la Unidad del círculo, o sea, el Absoluto. Representa al Padre y a Dios. Símbolo de Luz Divina, y su color dorado-amarillo representa al oro. Es el protector y dador de vida, Luz y Amor Universal. Símbolo de Yen de actividad, entusiasmo, fuerza y virilidad. Su número Uno de la Unidad de Dios.

Luna Simboliza a los Ángeles, o sea, lo puro y sublime simbolizado por el color blanco, símbolo de Divinidad y Pureza. Es la imaginación y sutileza de los ángeles. Ángeles niños puros y etéreos (sin materia). Su número dos representa la dualidad y la dialéctica que produce el movimiento eterno por los opuestos o los complementarios. Ese movimiento es fuente de generatividad y reproducción constante de los seres. Por eso es símbolo de la madre amorosa y pura, o sea, la Madre celestial y Génesis Universal. Símbolo Yin, o sea, pasividad, receptividad, femineidad y reproducción. Suavidad y susceptibilidad.

Mercurio Símbolo de la Inteligencia Universal, que lo hace el Mensajero de los dioses. Es la Sabiduría y al mismo tiempo el cambio de lo mundano en espiritual y a la inversa, o sea, Yen-Yin juntos en movimiento permanente, que lo hace mitad hombre y mitad Dios. Es el Iniciado Hermes Trimegisto, que es el sabio por excelencia. Es el Verbo Divino. Su color azul marca los rasgos celestiales y su número tres representa a la Divina Trinidad. Mercurio es ágil, ligero, gracioso e ingenioso.

Venus Símbolo de Armonía Universal y Equilibrio del Macrocosmos, que se manifiesta en la Belleza de la naturaleza y del Espíritu. Es la Justicia Divina y la Balanza que equilibra y juzga los actos. Se instala en el placer de los sentidos para disfrutar de la grandiosidad del Universo. Su color verde es símbolo de Amor y Paz de la humanidad y de la belleza de la naturaleza con sus hermosas flores, llenas de colorido y encanto. Su número seis marca el Equilibrio de las tendencias cósmicas. Da un Espíritu artístico por excelencia para el disfrute hermoso y sublime de los encantos y dichas de la vida. Símbolo de lo femenino, lo bello, lo suave, lo amoroso y placentero.

Marte Símbolo de la acción y la lucha. De la fuerza y valor para enfrentar las adversidades. Provee la vitalidad, el deseo y la pasión por vencer a los elementos de la naturaleza. Su fuerza e ímpetu avasalladores son las leyes de la supervivencia del mas fuerte y los instintos animales para luchar. Su color rojo es el símbolo del fuego y sangre vital para el combate. El hierro y la lanza son sus emblemas para la guerra y la acción. Su fortaleza vital es símbolo del deporte.

Júpiter Simboliza el ideal espiritual de la Perfección en un mundo social a través del ejemplo, la Enseñanza Superior y la Honorabilidad. Es la transformación del ímpetu, el esteticismo y la inteligencia en una Verdad Espiritual Superior. Es la expansión y majestuosidad del espíritu y la irradiación de humanismo a través del ritual o el estudio superior. Su color naranja da un Misticismo fogoso que se transforma en una Predicación apostólica, misional y evangelizadora, que destruye la Magia negra y la maldad, porque es símbolo del Sacerdote o el Mago blanco.

Saturno Es el símbolo de la Puerta hacia la Divinidad. Es el Padre de los Dioses, el Padre celestial, el Dios de la Eternidad. Quien pasa las pruebas de Saturno se convierte en un Sabio, y quien no las pasa permanece en el nivel de la animalidad, la vulgaridad y la intrascendencia. Es estricto y exigente de una Disciplina y esfuerzo constante para superar la parte baja y animal de los humanos. Para eso impone un riguroso Ascetismo porque es el planeta de la Yoga, la Meditación y la Disciplina. El que vence los instintos, los apegos sensuales, las divagaciones mentales, la inestabilidad emocional y el orgullo egoísta por medio de Saturno liquida su Karma negativo y cruza el umbral hacia la Iluminación. Por lo mismo, el Cristo y la Jerarquía Superior son simbolizados por Saturno. Su color café simboliza la austeridad de la Piedra Filosofal, la montaña y su ascenso.

Su número cuatro da la solidez y la estabilidad del avance firme, profundo y objetivo.

Urano Simboliza el Conocimiento Superior, la Mente Universal, que no se limita a las trivialidades mundanas, sino que su Amplitud de Criterio le permite comunicarse con toda la Humanidad y con otros mundos. Es la Amistad y la Comunicación mundial, que no reconoce racismos, ni patriotismos que coarten la libertad, porque es el Ciudadano Universal propio de esta era Acuariana. Es el regente de el signo de Acuario, y por lo tanto el regente de la Era de Acuarius. Su color violeta-morado simboliza el Altruismo y el Humanismo mas desarrollado, carente de egoísmo, que rechaza las bajezas animales y mundanas. Su numero nueve de la Iniciación en la Era moderna.

Neptuno Simboliza la Santidad misma y la mayor Evolución Espiritual a través del Sacrificio Crístico de Amor a la Humanidad entera. Es el Nirvana y la Iluminación, donde el Ser se integra a la Unidad Divina Total, y se funde con la Inmensidad del cosmos. Su color gris simboliza el alejamiento del mundo material de los colores, para fundirse en la mayor Espiritualidad y Misticismo Interior. Su número cero es el símbolo del Vacío y la Nada que es el Nirvana y la Unión con Dios, debido a la perfección del Círculo del Cero y al carencia de contenido, que a la vez es el Todo. Neptuno es el Espíritu Infinito, que da la Intuición el Éxtasis, la Devoción y la Unión SAT.

Plutón Simboliza la mayor profundidad que puede ser Transmutación y Regeneración después de vencer los instintos egoístas de odio, pasión y venganza, o quedarse en esos instintos malignos por no poder superarlos. Puede ser el Ave Fénix que puede vencer al mounstruo maligno que se encuentra en los dominios del escorpión y el dragón, o puede ser ese mismo mounstruo de la serpiente antigua o Diablo. Su color negro representa los infiernos y la caverna llena de odios y seres malignos. Es el Hades o rey de las tinieblas y el mal. Puede ser la muerte física o psicológica. Su número ocho marca los dos mundos visible e invisible en una alternancia continua.

SIGNOS

Aries El Cordero de Dios o el Carnero salvaje, ya que puede ser cualquiera de las dos manifestaciones. Aries es el iniciador, el líder, el pionero que abre la brecha con su fuerza, valor y arrojo, enfrentando con valor los obstáculos que se interpongan. Símbolo Yang puro, activo, primario, impulsivo, con fortaleza y valor. Representa la cabeza y los músculos al mismo tiempo. Es el hierro y la espada que se emplean en la guerra. Es el héroe que lucha contra el mal o es el mal mismo. Su color rojo es representación de su elemento fuego. La fuerza física lo inclina hacia el Deporte. Representa a los países de Alemania, Japón y Polonia que se caracterizan por sus manifestaciones bélicas y activas. Su número 1 por ser el primer signo lo hacen querer siempre ir al frente, porque es egoísta y orgulloso muchas veces. Es el hombre joven fuerte deportista o guerrero vestido de rojo.

Tauro El Becerro de Oro, el Buey Apis, el Minotauro o la Vaca sagrada, que es fuente de abundancia y prosperidad. Es el Alimentador Universal, porque la vaca vierte su liquido de vida que es la leche. Busca la abundancia, la riqueza, y se apacenta en el campo y la naturaleza. Es la Tierra Prometida de Israel, y el Paraíso en la Tierra lleno de la Belleza de las flores y la dulzura de las frutas. Representa la garganta y la voz, o sea, es la música y sinfonía del Cosmos. Es la boca de la alimentación o la boca del beso sensual femenino, lleno de hedonismo y amor. Es Yin pasiva, femenina y receptiva. Es la joven hermosa vestida de verde claro. Es la Ishtar y Venus, Diosas del Amor. Es la felicidad pasiva de los países boscosos de Canada y campiranos de Venezuela. Es la Tierra Sagrada del Cristo Jesús de Israel, y el mes de mayo de la Gran Logia Blanca, opuesta a la Logia negra de la maldad del Escorpión de noviembre.

Géminis El Caduceo de Hermes Trimegisto. El Mensajero de los Dioses, los Gemelos Cósmicos Castor y Pólux y el gemelo del Cristo. Es también el mes de Mayo de la Gran Logia Blanca. El Yin-Yang juntos, hombre-mujer o hermafrodita, y el Hombre mundano-Hombre divino al mismo tiempo, o mejor dicho Mesías-hombre. Símbolo de Gran Sabiduría, del Movimiento continuo del aire su elemento. Su color azul representa el Cielo, la Espiritualidad y el Estudio. Es el Verbo Divino, La Inteligencia Suprema y la Adaptación a la vida. Es la dualidad de los brazos y manos, así como de los pulmones para adquirir su elemento que es el aire. Su número tres es símbolo de Trinidad y de Espíritu Santo. Comunicación y sociabilidad intensas, así como Comercio, viajes, Ciencia y Tecnología. Representa a los hermanos y vecinos porque es la comunicación diaria. Representa a los países de Bélgica, Chile y el Ascendente de Estados Unidos de América, que el país de la máxima comunicación mundial y de la mayor diversidad de razas e ideologías.

Cáncer La Génesis Universal, la Gran Madre Cósmica, la casa de la humanidad. El Amor mas puro que es el de la madre hacia sus hijos. Sus colores crema, blanco y gris representan la Pureza de los Ángeles de Dios. Es el líquido vital de la leche y los senos donde se produce, por lo que es el símbolo máximo de la Maternidad y la Femeneidad, porque es el Aparato Reproductor Femenino, aunque la sexualidad femenina mas bien es de Tauro. También es el estómago que es el receptor básico del alimento. Simboliza el Agua Bautismal que purifica a través del Amor. Es el cangrejo que mora dentro de su concha, o la mamá que cuida de su casa, sus hijos y su familia, porque es muy cariñosa y protectora. Su imaginación es lunar y fecunda. Las perlas y la plata de color blanco lo simbolizan. China es Cáncer y de ahí la gran fecundidad del pueblo chino. Holanda y Estados Unidos también y de ahí su patriotismo. Es la puerta de los humanos porque es el nacimiento y encarnación permanente. Su número cuatro representa las cuatro paredes y lados de la casa.

Leo Dios Padre, el Rey Sol, el Padre Celestial y el Protector Universal. El guía solar Zoroastro. El brillo del oro. El amarillo su color y símbolo de brillo, luz y Divinidad. El centro del universo y del cuerpo, que es el corazón. Su número 1 del Jefe y su número 5 de plenitud y potencia. La fuerza y nobleza del rey de la selva que es el león, y el Rey de los hombres que es el de máxima autoridad o el monarca y gobernante. La Voluntad Suprema. Representa a Italia sede del Gobierno mundial del Vaticano y el Pontificado. Su carácter es seguro, optimista y dominante, con la fuerza y la nobleza de los jefes y los padres. Su plenitud, fortaleza y seguridad lo conduce al Gobierno y a la Dirección de las sociedades, comunidades y centros sociales y humanos.

Virgo La Santísima Virgen María, por la mayor Pureza, Sencillez y Humildad. El Hombre Perfecto, ejemplo de estudio, trabajo y limpieza, que le dan la Perfección de un Guru o un Santo. Los Mesías Cristo o Mesías de Era nacen solamente de una Virgen real o simbólica (del signo de Virgo), como Jesucristo nacido del vientre de la Virgen María, o Buda de Maya o SatCarlos de María de los Ángeles. La Virgen pisotea a la serpiente del mal Nahash y logra la Encarnación del Cristo a través de Dios que concibe al único Ser Perfecto que es Jesucristo Nuestro Señor. Símbolo de la mayor pureza, orden, servicio y sencillez. Virgo es el pueblo de Grecia que es donde surgió el máximo razonamiento, origen del pensamiento occidental objetivo y realista, y pueblo que instituyó por primera vez la máxima limpieza de los Césares. Signo que se preocupa al máximo por la salud. Es la cosecha del trigo de donde surge el Pan del Cuerpo de Cristo. Su color turquesa es una combinación del azul del Cielo con el campo verde de la cosecha. Su número 6 de Equilibrio y Orden.

Libra La Justicia Divina, la Armonía y Equilibrio Universal. El signo de mayor Bondad y Paz. El Equilibrio del Macrocosmos. Signo de perfección por el Amor, la Paz, la Justicia, signo de Armonía que producen la Belleza, la Sabiduría, el Bien y el Orden Cósmico. Es el Tao de Lao Tsé que no se opone al orden y movimiento natural de la naturaleza, convirtiendo todo en Belleza y Liberación. El justo medio y la parte media del cuerpo que son los riñones, cuya función es purificar al organismo, como Libra purifica la conciencia y la sociedad. Libra es el Ascendente de Jesucristo, que dijo *"La Paz os dejo, mi Paz os doy"* y también dijo *"Si te hieren en una mejilla pon también la otra"*. Signo de gente buena, complaciente y amable, pero que se basa en la razón y la justicia y no solamente en la bondad, como Gandhi (Libra-Sagitario) símbolo de la No violencia pero con ideales sociales. Su color verde representa la paz. Signo de aire y por lo mismo intelectual, espiritual y social cien por ciento. La paloma de la Paz su emblema, la Balanza de la Justicia su símbolo, su número 7 de los siete chakras y niveles de existencia.

Escorpio El dragón de los Infiernos o Diablo, combinación de serpiente-alacrán y vampiro. Una serpiente con un aguijón venenoso en la cola. El mundo de las Tinieblas y de lo oculto y subterráneo de las cavernas. Puerta del abismo y la muerte, que marca el paso hacia el otro mundo. El Ave Fénix de renacimiento después de la muerte o la oscuridad. Su mes de noviembre celebra la Logia Negra de los brujos y enemigos de la Logia Blanca de los Santos. El Anticristo que se opone al Cristianismo en cualquiera de sus formas. El mundo del Islam de mentalidad terrorista y de fanatismo malvado disfrazado de religiosidad. Simbolismo del ocho que es la destrucción para pasar al nueve de Sagitario que es la Puerta de la Trascendencia. Escorpio simboliza la muerte y el día de los difuntos, así como de los pecadores que no desean ver la Luz, pero también de los luchadores por superar la maldad. Representación de la sexualidad pasional y sadomasoquista por intensidad.

Sagitario Zeus o Júpiter Rey de los Dioses, el Apóstol evangelizador que destruye el Dragón de los Infiernos Escorpio cuando lanza su flecha hacia atrás, como la Orden de los Templarios que luchan contra los musulmanes enemigos del Cristianismo en las Cruzadas por el rescate de los lugares Santos donde nació Jesús de Nazaret usurpados por el Islam. País de España que implanta el mensaje de Jesucristo en toda la América, luchando contra la Serpiente Quetzalcóatl de los aztecas. La Filosofía y la Magia Blanca que destruye a la Magia Negra de Plutón, a través de la Filosofía Espiritual y el Sacerdocio. El Clero que se impone a las tribus animistas para implantar al Dios mismo Jesucristo. El centauro que en su parte caballo es mundano y buscador de placeres bajos y en su parte humana es buscador de la Sabiduría y el Conocimiento Superior. Su número nueve de la Iniciación e inició del Ciclo Litúrgico de los signos trascendentales y del SAT. Su color azafrán o tejocote de los misioneros espirituales. Muslos y caderas que son la base del eterno viajero Sagitario.

Capricornio El Mesías Cristo Jesús de Nazaret Cima del mundo visible y Unión de Dios con la Humanidad. Cima de la montaña y de la Jerarquía misma y Puerta hacia las Alturas pero con los pies aún en la tierra, porque es el signo mas practico y realizador del mundo material pero con una esencia de Elevada Moralidad. Por lo mismo, una continua dualidad entre la Materia y el Espíritu, ya que forma o grandes empresarios y realizadores materiales y profesionales o grandes místicos y ascetas. Líderes políticos o financieros, o Sabios, Gurus, Santos, que hacen de la Liberación y el Desapego la esencia de la vida. Su color café color de la tierra y de la roca, como San Pedro al que Jesucristo convirtió en la piedra sobre la que edificaría su Iglesia. Es la cabra que siempre busca ascender por la montaña y por los lugares mas difíciles, porque Capricornio toda la vida sufre pruebas difíciles de superar, por lo que representa la disciplina máxima del trabajo o la Yoga. Su número diez de la máxima altura.

Acuario El Arcángel Miguel que lucha contra Lucifer escorpio. El Hijo del Hombre en la nueva Era de Acuarius. La Sabiduría Cósmica Superior y el Conocimiento Universal. La comunicación mundial y con otros mundos a través de la exploración del espacio. La mayor Tecnología y progreso de la Ciencia. Ciencia y Religión, o razón y fé, objetividad e idealismo unidos en el Acuarius. El Guru que posee la Liberación por el Desappego que lo convierten en el Ciudadano Universal que no discrimina nada ni a nadie. El Sabio y Santo que no posee orgullo, ni deseos de poder ni de ambiciones materialistas, sino que ama por sobre todas las cosas su Libertad, y que las posesiones y los orgullos impiden esa libertad y Liberación Interior. Su color morado o violeta-púrpura simbolizan por un lado el Modernismo y por otro lado el Misticismo del Manto púrpura del Cristo. Acuario es el Altruismo y Amor a la humanidad, sin intereses egoístas.

Piscis El Absoluto, la Unión Final, la Nada y el Todo a la vez, o sea, el Nirvana o Iluminación. La mayor Devoción hacia Dios y por lo mismo, la base de la Santidad. La Nada y el Todo se simbolizan con el Cero. Representa los pies y por eso los devotos andan descalzos en el Templo de Dios. En al Era de Piscius o Piscis apareció el Mesías Cristo por lo que fue pescador de hombres, aunque el Mesías era de Piscius fue el Budha. Pero también Piscis es contradicción constante, y por lo mismo los Piscis siempre están contradiciendo a todos y a ellos mismos. Dualidad eterna entre Espiritualidad y mundanalidad de Piscis, que los hace o muy mundanos y buscadores de placeres, o muy espirituales hasta la Santidad por Devoción o por Caridad y Humildad. Misticismo exaltado en el vino que es la Sangre de Cristo, y en los Chakras del Sistema Endocrino regidos por Piscis. Superstición. Su color Blanco o Gris para la Meditación interna y el Templo. Brasil país de los pies por el futbol, de la mundanalidad de los carnavales sensuales y de la espiritualidad del Cristianismo.

SOCIEDADES

India Cuna de la Civilización Universal y Espiritual. País del Hinduismo que ha influido en diversas religiones en el mundo. Bhrama, Shiva y Vishnu forman la Trinidad Divina. En la India se difundió mas ampliamente el Budismo, que aunque Sidharta Gautama el Budha nació en Nepal, su Misión básicamente fue desarrollada en la India. Patanjali en la India sistematizó uno de los cuatro grandes sistemas filosóficos del Hinduismo que es la Yoga. País Capricornio-Piscis que se caracteriza por su enorme espiritualidad y por su Ascetismo y filosofía del Desapego característico del Capricornio místico y disciplinado. Las castas y jerarquías rígidas son características de este país saturnal. Lugar de los Gurus como Rama, Bodidharma y Ramakrishna, así como del Mahatma Gandhi, que siempre dan un mensaje espiritual a la humanidad, aunque sus ideas fijas a veces no permiten que se desarrolle el mundo moderno y científico.

China El país mas poblado del planeta debido a que su signo de Cáncer es el mas prolífico y fecundo de todos. Su otro signo de Libra le dan a los chinos una Gran sabiduría ya ancestral, desde el gran

Sabio Lao Tsé fundador del Taoísmo, la religión de la Armonía, Paz y Equilibrio de todas las cosas, por el dejar fluir de la naturaleza. Confucio que fue el gran Sabio de la administración manifestó la importancia del orden y la organización social. El signo de Libra hace a los chinos de mentalidad socialista, pacífica e igualitaria y no agresiva ni egoísta. El Yin y el Yang sintetizan la sabiduría china del equilibrio de los opuestos en continua interacción.

Mesopotamia Civilización ya desaparecida, que existió antes de la era cristiana, y que fue la sociedad sabia y profunda donde los caldeos y babilonios iniciaron la Ciencia Cósmica de la Astrología, que es la mayor sabiduría existente hasta la fecha y que resume todas las ocupaciones humanas. Sargón y Hamurabi fueron grandes sabios que desarrollaron la cultura enormemente. Actualmente en donde se asentó la Mesopotamia de Babilonia se encuentra el país de Irak de cultura musulmana y que por lo mismo se convirtió en un país terriblemente fanático, maligno, belicoso y retrograda, y que terminó por desaparecer todo vestigio de esta enorme cultura mesopotámica, sin respeto por la Cultura Universal.

Egipto Otra de las cunas de la Civilización Universal en la antigüedad, pero que actualmente es musulmán y maligno. Antes de ser del Islam Egipto fue un país muy profundo y esotérico, que erigió las Pirámides de Kefren, Keops y Mikerinos, así como la Gran Esfinge, que representa los cuatro elementos; Fuego, Aire, Tierra y Agua. Las Pirámides encierran grandes misterios y claves esotéricas. Su mitología se basaba en la trilogía de Osiris, Isis y Horus, que eran el Dios Hombre, la Diosa mujer y el Dios hijo. En Egipto nació el Magnusat Hermes Trimegisto fundador de la Doctrina Hermética que contiene Grandes Misterios Esotéricos. Sin embargo, después Egipto dejó la Esfinge y se convirtió en un pueblo maligno, del cuál tuvo que huir el pueblo elegido dirigidos por el Magnusat Moisés, para llevarlos a la Tierra prometida de Israel.

Israel Dios eligió a la Tierra de Israel para que ahí naciera el Cristo o Hijo de Dios Jesucristo Nuestro Señor. País Tauro de pastores, amor

y belleza. Antes de eer Israel fue la tierra de Canán a la cuál Dios
envió a Abraham para que ahí naciera toda la descendencia hasta
llegar el nacimiento del Cristo. Abraham, Isaac y después Jacob cuyo
nombre es también Israel son la base de esta sociedad, porque de
Jacob-Israel nacieron las doce tribus de Israel, una de las cuáles fue la
de Juda y otra la de Levi. Este pueblo israelita de lengua hebrea, judía
y aramea padeció mucho antes de ser Israel, por los persas, egipcios,
asirios, árabes y otras tribus. Después padeció la invasión helénica
y romana, y finalmente padeció la peor de todas las invasiones y
agresiones que fue la musulmana en el siglo VII, por lo que los
judíos-hebreos tuvieron que emigrar finalmente por todo el mundo.
Los europeos cristianos en los siglos XIII y XIV lucharon contra los
musulmanes por recuperar los lugares santos donde nació Jesucristo
en las Cruzadas. Finalmente en 1948 ya en la Era de Acuarius los
judíos regresaron a la tierra de Israel.

Arabia Los árabes eran tribus nómadas del desierto de la actual
Arabia durante muchos siglos. En el año 622 Mahoma implanta la
religión del Islam o musulmana en Arabia, y con su centro religioso
principal en La Meca. Cuando apareció el Islam, se expandió por
todo el norte de Africa y por todo el Medio Oriente imponiendo el
terror por todos los lugares por donde pasaban estos islámicos, siendo
la invasión mas cruel y sanguinaria que haya sufrido la humanidad
en toda su historia, ya que tribus como los seléucidas, los sarracenos,
los sayanidas y los moros entre otros fueron bestialmente invasores
de sociedades que ya eran cristianas en todo el norte de Africa y
Medio Oriente. Actualmente es el centro islámico principal en todo
el mundo, y como musulmanes han impedido el progreso científico,
tecnológico y los derechos humanos y las libertades elementales básicas
propias de la Era Moderna de Acuarius. El Islam y los musulmanes
surgieron en la Subera de Escorpio, en la región del Medio Oriente
de Escorpio y Mahoma fue del signo de Escorpio, por lo que el Islam
es Escorpio.

España Es la nación elegida por Dios para ser la Héroe y Salvadora
de la Humanidad, porque ha sido la que mayormente ha difundido

y defendido el mensaje de Jesucristo Nuestro Señor el único Dios hecho hombre. Su signo Sagitario lo hace el pueblo de los apóstoles, los misioneros y los evangelizadores del Cristo, y por eso España desterró de su país a los moros-musulmanes que habían invadido su territorio. Después Descubrió y colonizó el nuevo mundo de América, donde se implantaría la Era de Acuarius mas fuertemente. Y finalmente gracias a España el Mensaje de Jesucristo se divulgó por toda América, luchando contra las sociedades que se oponían inicialmente a la Evangelización. Es Sagitario, y por lo mismo, es el hombre de a caballo que derrotó a los aztecas, y también es el de la Orden de los Templarios que derrotaron a los islámicos enemigos de Jesucristo. Como Sagitario es la Espiritualidad activa, exterior e institucional, o sea, el Clero cristiano, que combina la fuerza del fuego, con la devoción de Júpiter.

Italia Es la otra nación Salvadora de la Humanidad, porque gracias a Constantino I se implantó el Cristianismo como la religión oficial del Imperio Romano, que al expandirse como Imperio, llevó el Evangelio por todos los territorios conquistados, y donde finalmente se estableció la sede mas importante de la cristiandad, que es el Vaticano. País Leo, que por lo mismo ha mostrado tres importantes facetas, que son sus tendencias imperialistas logradas en el Imperio Romano, después sus tendencias a la vida de placeres y sensualidades, características de los italianos, y finalmente su inclinación Espiritual por tener la sede de la Iglesia Católica Cristiana. El Imperio Romano surgió en la Subera Leos de la era de Piscius, y por lo mismo, se convirtió en el Gran Imperio, y por lo mismo, el Circo romano done los leones eran la atracción principal lo representaron.

Alemania Es un país ariano que deseo imponerse por la fuerza y por la guerra en las dos guerras mundiales, pero que finalmente fracasó. Sin embargo, ha sido un país altamente científico, modernista y tecnológico, cuna de los mas grandes científicos sociales, como el Magnusat de la Subera de Geminos Karl Marx, y otros grandes genios de la humanidad.

Inglaterra País cuna de la Era de Acuarius, porque en este se inició la revolución industrial, máximo emblema del modernismo acuariano. Inglaterra es Capricornio-Aries, y por lo mismo, mucho tiempo fue la máxima potencia económica, política, militar e ideológica del mundo, así como la máxima representación capricorniana de la puntualidad, la disciplina y la Jerarquía. País del Magnusat de la subera Tauros que es Charles Darwin. Ha sido el país que junto con Estados Unidos mas genios científicos y tecnológicos ha generado para la Humanidad.

Francia País Libra-Escorpio, y que por lo mismo, muestra la dualidad del bien y el mal. Como Libra Francia se ha caracterizado por la belleza de su capital Paris, donde hay arte, belleza y elegancia, así como por sus grandes artistas que Francia ha dado al mundo. Como Escorpio se ha mostrado como un pueblo conflictivo y revolucionario, donde se gestó la Revolución Francesa, y donde nació el Leo-Escorpio de Napoleón Bonaparte, que ha sido de los dictadores y líderes mas agresivos de la humanidad, que mas deseos egoístas de invasión ha tenido el mundo. También la continua participación de Francia en las guerras mundiales muestra su belicosidad permanente.

Estados Unidos El país mas desarrollado que ha existido en todos los tiempos, ya que es el que mas ha destacado en todos los campos de la actividad, los derechos y garantías humanas, como; deporte, ciencia, tecnología, administración, enseñanza, agropecuaria, arte, cine, música, espectáculos, medicina, milicia, humanidades y religión entre otros mas, ya que en todos estos es el que mas logros ha tenido. Por lo mismo, ha sido el mejor país que ha existido y la primera potencia económica, política, científica y militar de la humanidad. Es el país mas moderno y progresista de todos los que han existido. La causa principal de este desarrollo se debe a que su Carta Astral u horóscopo fue deliberadamente escogido para su nacimiento, que los astrólogos eligieron que naciera como país Cáncer con Ascendente en Géminis, con Urano y Marte en casilla I, y con Sol, Mercurio y Venus en casilla II. Por tener a Urano en casilla I en dominancia es el mas típico de la Nueva Era de Acuarius, y por lo mismo, es el país de la Libertad, la Ciencia, la Tecnología y el futurismo, donde nació el modernismo de los rascacielos, y que logró los viajes a otros astros, con el primer humano en la Luna entre muchos logros acuarianos mas.

Unión Soviética Es el país mas grande que ha existido, constituido por diecisiete regiones o pueblos, y que se convirtió en la segunda potencia económico, científica y militar de la humanidad, compitiendo con los Estados Unidos. Surgió el 30 de diciembre de 1922, por lo que es Capricornio con ascendente en Acuario, por lo que también es una nación acuariana, pero que desarrolló el socialismo y los rasgos de la Era de Acuarius. Se desintegró en 1989 en las 17 naciones que la conformaron inicialmente.

Perú País de Sudamérica con una gran historia y tradición cultural, y con fuertes simbolismos universalistas, debido a sus pirámides y costumbres, donde floreció la milenaria Cultura Inca.

México En México como en los demás países han existido diferentes etapas históricas. Antes de la conquista de España existían sociedades como la Maya de signo Virgo, que la caracterizó por ser muy culta y pacífica y la cultura Azteca de signo Escorpio, que como tal era adoradora del Dios de la guerra Huitzilopochtli, de la noche Tezcatlipoca y de la lluvia Tlaloc, pero el Dios principal heredado desde la cultura Tolteca y otras era Quetzalcóatl "la serpiente emplumada". Los aztecas eran terriblemente agresivos y represivos de todas las culturas indígenas que había alrededor, y enemigos feroces de los tlaxcaltecas, tarascos, xochimilcas y muchos mas. También eran crueles y sádicos ya que ofrecían en sacrificio a los dioses a doncellas o esclavos que arrojaban por la pirámide y luego les sacaban el corazón entre otras barbaridades mas. Cuando España conquistó a los aztecas surgió la Nueva España de signo Leo, donde los frailes enseñaron a los indígenas el Mensaje de Jesucristo. Y con la consumación de la Independencia de México el 28 de Septiembre de 1821 México se convirtió en un país Libra con Ascendente en Aries y la Luna en Escorpio. México fue elegido por Dios para que de este naciera el Mesías de Era de Acuarius SatCarlos, ya que uno de los significados de México es "lugar del Mesías", y porque la fundación del México Tenochtitlan se realizó debido a una señal esotérica de un águila devorando a una serpiente sobre un nopal en un lago, que es un mensaje que significa que el bien (el águila) vence al mal (la serpiente), pero pasando por varios obstáculos (las espinas del nopal), sobre el agua bautismal (el lago). Pero Quetzalcóatl en culturas previas a la Azteca como la Tolteca y Teotihuacana tenía un simbolismo mas positivo, como serpiente de sabiduría, como en Teotihuacan donde están aún las Pirámides del sol y la luna. El rey Moctezuma de los aztecas comprendió que llegaría el mensaje de Dios de tierras lejanas y como un hombre rubio como lo decía su profecía y que se refería a que llegaría el mensaje de Jesucristo (rubio), pero a través de España y con Hernán Cortés (de signo Leo), al que confundió con el Dios, pero que de hecho a través de Cortés llegaban sus frailes cristianos (o sea, Jesucristo). Ese esoterismo de México significa que de ahí nacería el Mesías Era de Acuarius ya en la nueva era, que es SatCarlos (Géminis-Libra-Saturno-Neptuno) que nació en 1954 en la Ciudad de México (de signo Piscis).

Canadá País de signo Tauro por lo que tiene bellos bosques y tranquilidad.

Brasil País Piscis (que representa los pies y por lo mismo, al futbol, así como el baile y el carnaval. Sensual, alegre y religioso como piscis.

Venezuela País Tauro que se destaca por sus paisajes naturales y la belleza de sus mujeres.

Bolivia País de montañas (característico de Capricornio) y tradiciones antiguas.

Chile País Géminis y por lo mismo, el mas intelectual de Sudamérica.

Suiza País Virgo que se caracteriza por su gran desarrollo social y pacifista.

Austria País Libra y que por lo mismo se ha destacado por su bella música de los valses vieneses.

Hungría País Sagitario y que por lo mismo son famosos los húngaros como viajeros por todo el mundo.

Polonia País donde nació el Magnusat Arios de la Era de Acuarius Nicolás Copérnico y el mejor Pontífice de todos los tiempos Juan Pablo II.

Holanda País Cáncer y por lo mismo, donde el ganado vacuno y la leche son muy importantes.

Bélgica País Géminis, y por lo mismo, intelectual, sociable y liberal.

Suecia País Acuario y por lo mismo, el país mas liberal y mas representativo junto con USA de la Era de Acuarius.

Grecia País Virgo, y por lo mismo, cuna de el pensamiento racional y objetivo de la Humanidad.

Irán, Irak y todos los países musulmanes De cultura Escorpio, y por lo mismo, enemigos de la Era de Acuarius, del progreso científico, tecnológico, administrativo y de todos tipos, así como enemigos del Cristianismo y de todas las sociedades no musulmanas, además de malignos con las mujeres, niños, animales y con ellos mismos. Terroristas, fanáticos y primitivos.

Japón País ambivalente de cultura ancestral budista-shintoista con capitalismo pronunciado y gran desarrollo tecnológico, así como con gran belicosidad (controlada por Estados Unidos), por ser país de signo Aries.

Australia País Virgo de gente buena, culta y científica.

EDADES

Juventud De 0 años a 32 años
Madurez De 33 años a 65 años
Vejez De 66 años a 99 años
Ancianidad De 100 años en adelante
Recién nacido De 0 días a 29 días
Bebe De un mes a 11 meses
Maternal De 1 año a 2 años
Niño De 3 años a 8 años
Púber De 9 años a 15 años
Adolescente De 16 años a 24 años
Joven De 25 años a 32 años
Maduro De 33 años a 65 años
Viejo De 66 años a 99 años
Anciano De 100 años o mas
Arial De 0 años a 8 años con tres meses
Taural De 8 años cuatro meses a 16 años siete meses
Geminal De 16 años ocho meses a 24 años once meses
Cancial De 25 años a 33 años con tres meses
Loal De 33 años con cuatro meses a 41años con siete meses
Virgal De 41 años con ocho meses a 49 años con once meses
Libral De 50 años a 58 años con tres meses
Escorppial De 58 años con cuatro meses a 66 años con siete meses
Sagitarial De 66 años con ocho meses a 74 años con once meses
Capricornial De 75 años a 83 años con tres meses
Acuarial De 83 años con cuatro meses a 91 años con siete meses
Piscial De 91 años con ocho meses a 99 años con once meses
Ancial De 100 años a 124 años
Matusal De 125 años en adelante

MANTRAMS

Amen "Así sea", o "Hágase la Voluntad de Dios"
Om Síntesis de AUM, que es Palabra de Dios

Aum Tat Sat Mente, Conciencia, Espíritu
Aleluya Alabado sea Dios
Sat Chit Ananda Voluntad Divina, Inteligencia Universal, Amor Trascendental, o Dios Padre, Dios Hijo, Dios Espíritu Santo.
Hare Alabado sea Dios

MANDALAS

Mandala del Nombre

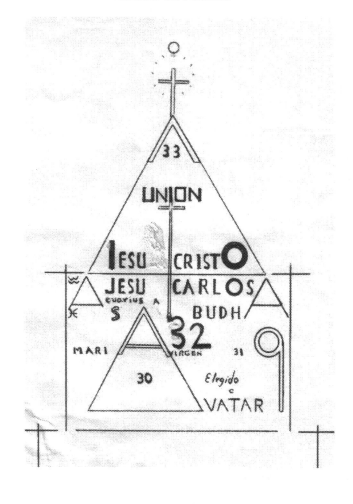

Mandala Geometrológico

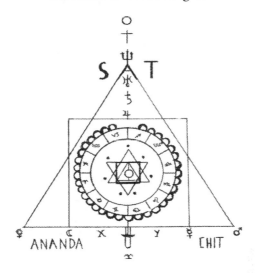

Gran Mandala SAT del Universalismo

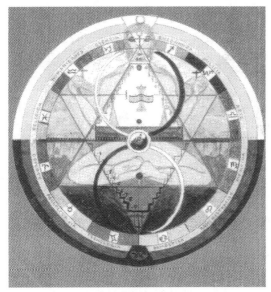

CAPÍTULO SÉPTIMO
SATCARLOS

SIMBOLISMO DE SATCARLOS

Yo soy Carlos de Jesús Pimentel Flores y soy SatCarlos el Mesías de Era de la Era de Acuarius.

Jesucristo Nuestro Señor es el Mesías Cristo, único Cristo por todos los tiempos de la Humanidad, porque el es el único Grado 10 y subgrado 33 (de 25960 años), mientras que yo SatCarlos solo soy un Mesías de Era, en otras palabras el Mesías de una Era, (que dura 2160 años) y concretamente el Mesías de Era de Acuarius, porque soy Grado 9 y subgrado 32.

El Mesías de Era anterior (o Mesías de la Era de Piscius) fue Sidharta Gautama el Budha.

Es necesario que se entienda que no me estoy colocando al mismo nivel que Jesucristo, y no estoy quitando a Cristo (como lo hacen muchos anticristos), de la Única Cima del Mundo Visible e Invisible, sino que estoy por debajo de Él, porque Jesucristo es Grado 10, subgrado 33 y yo SatCarlos soy Grado 9, subgrado 32.

Tampoco me estoy colocando al nivel de Jesucristo, porque Él es el Único Dios hecho humano, mientras que yo soy un simple humano mas, que tengo la Misión de dar la Guía para la Humanidad solamente para la Era de Acuarius, pero derivándola de la Enseñanza para todos los tiempos de Jesucristo y del Universalismo del Sistema SAT Universal.

Estoy por debajo de Jesucristo Nuestro Señor, porque yo soy su seguidor.

Tengo mas de cien claves que me convierten en el Mesías de la Era de Acuarius.

Ninguna de estas claves yo la produje premeditadamente, sino que solamente las fui descubriendo a través del estudio continuo.

Una breve biografía mía es la siguiente:

Yo nací el día 21 de mayo de 1954 en la Ciudad de México, perteneciente al país México.

Mi signo solar es Géminis y mi signo Ascendente es Libra, con Saturno en Casilla I en conjunción con el Ascendente, y con Neptuno en Casilla XII en conjunción con el Ascendente también. Mi Urano es el planeta mas elevado en conjunción con el Medio Cielo.

Mi padre fue el Sr. Antonio Pimentel Aguirre y mi mamá es la Sra. María de los Ángeles Flores y Velázquez de signo solar Virgo.

Tengo cuatro hermanos, que son, María Elena, Enrique, Gabriel, y Miguel Ángel.

Mi padre murió cuando yo tenía un año, y diez años después mi mamá se unió al Sr. Gabriel Gómez V.

Estudié la Lic. en Psicología, y después la Lic. en Etnología, además de que siempre he estudiado muchas cosas y entre ellas la Astrología, la Educación, la Sociología y las Religiones.

Me he casado dos veces, primeramente con Noemí Meléndez A. y después con mi actual esposa Rosa Margarita Smith López.

El 24 de Noviembre de 1984 inicie el Sistema SAT, que es la Síntesis Universal de Unión y Salvación en la Nueva Era de Acuarius.

A través de mis estudios y lecturas fui descubriendo que tenía una gran cantidad de claves esotéricas que me daban una Misión muy importante en la Era de Acuarius, hasta que comprendí que tenía la Misión importante de dar a la Humanidad la Guía para su Unión.

Las claves que fui descubriendo son las siguientes:

Sobre la Misión:
  1.- Creo y fundo el Sistema **SAT**, que es la Síntesis Universal de Unión y Salvación en la Nueva Era de Acuarius.

Sobre el nombre:
  2.- Mi nombre legal es **Jesús**, ya que mi nombre completo es Carlos de Jesús Pimentel Flores. Es mi nombre en el acta civil de nacimiento.
  3.- El parecido de ambos nombres **Cristo Jesús** y **Carlos Jesús**.
  4.- Mi nombre Jesús me lo puso un **Sacerdote**, ya que mis padres me iban a bautizar solamente con el nombre de Carlos, pero el sacerdote lo sugirió. Esto significa que un representante de Dios (Sacerdote) fue el que me puso el nombre de Jesús.

5.- Mi nombre esotérico **Jesu** aparecía constantemente en unos recibos de pago, ya que en la computadora no cabía el nombre completo y le cortaban la "s". Al igual que el nombre esotérico de Jesús era Jesu.

6.- Mi primer apellido Pimentel tiene la terminación "**EL**", que es una clave esotérica de los seres espirituales, como los Arcángeles Miguel, Gabriel y Rafael.

7.- Mi segundo apellido **Flores** es la principal ofrenda a Dios, Jesucristo, los Ángeles y la Virgen, o sea, las flores.

Sobre la familia:

8.- Mi mamá es del signo de **Virgo**, que significa la Virgen. Esto simbólicamente significa que nací de una Virgen (zodiacalmente hablando), al igual que la Madre de Jesucristo que fue la Virgen María.

9.- Mi mamá también se nombra **María**, porque su nombre es María de los Ángeles.

10.- Y por lo tanto, también es protegida simbólicamente por los Ángeles, por su nombre María de los **Ángeles**.

11.- Mi padre fue **carpintero** al igual que el padre de Jesucristo de nombre José que fue carpintero. También fue obrero textil mi padre.

12.- Mi padre fue **hermano de José el carpintero** porque ese era el nombre y trabajo de mi tío o hermano de mi papá, de nombre José y oficio carpintero.

13.- Mi padre murió y **desapareció en mi juventud**, al igual que Jesucristo que su padre desapareció en su juventud.

14.- Mi padre carpintero, mi mamá del signo de la virgen (virgo), y yo de nombre Jesús tenemos **similitud con la familia de Jesucristo**.

15.- Mi mamá se volvió a unir después de diez años de viuda con el Sr. Gabriel Gómez que es del signo de **Piscis**, al igual que José padre putativo de Jesucristo fue del signo de Piscis (porque el esposo de Virgo en la Astrología es Piscis). Por eso en la Iglesia Católica se celebra a San José esposo de María el 19 de Marzo (en Piscis), un día después del cumpleaños del Sr. Gabriel marido de mi mamá, que es el 18 de marzo y también Piscis.

16.- Y de igual manera el Sr. Gabriel **no es mi padre real**, del mismo modo que San José no era el padre real de Jesucristo.

17.- Y el nombre del segundo esposo de mi mamá Gabriel también es **José**, porque en su fe de Bautismo tiene ese nombre José Gabriel.

18.- Y antes de que naciera Jesucristo fue visitado por el Ángel Gabriel, de igual manera que antes que yo naciera el Sr. Gabriel fue novio de mi mamá. En otras palabras, también mi mamá fue visitada por **Gabriel antes de mi nacimiento**.

19.- Jesucristo fue rodeado por los Arcángeles Gabriel y Miguel siempre, al igual que yo siempre he estado rodeado de **Gabriel y Miguel** porque son los nombres de mis dos hermanos menores.

Sobre el número 9 del Mesías de Era

20.- En la Cábala Arqueométrica el número de mi nombre es 9, de la siguiente manera:

C=20, A=1, R=200, L=30, O=70, S=60, D=4, E=5, J=10, E=5, S=60, U=6, S=60, que sumados todos los dígitos nos da; 54, que vueltos a sumar, nos da; 5 + 4 = **9.**

21.- Los apellidos también nos dan 9, de la siguiente forma:

P=80, I=10, M=40, E=5, N=50, T=5, E=5, L=30, nos da 229, que sumados dan 13, que vueltos a sumar dan; 1 + 3 = 4, y F (no tiene número), L=30, O=70, R=200, E=5, S=6, nos da 311, que vueltos a sumar, nos da, 3 + 1 + 1 = 5. Sumando el dígito de Pimentel que fue 4 con el dígito de Flores que fue 5, nos da; 4 + 5 = **9.**

22.- Mi nombre completo da por el nombre 9 y por los apellidos 9, y sumados 9 + 9 nos da 18, que vueltos a sumar nos dan; 1 + 8 = **9.**

23.- Mi nombre completo es Carlos de Jesús Pimentel Flores, y tiene en total 27 letras, que sumado 2 + 7 nos da **9.**

24.- Mi nombre misional es SatCarlos, y este consta de **9** letras.

25.- Mi fecha de nacimiento fue el 21 de mayo (mes 05) del año 1954, y si sumamos todos los dígitos, nos da; 2 + 1 + 0 + 5 + 1 + 9 + 5 + 4 = 27, que vueltos a sumar, nos da; 2 + 7 = **9.**

26.- Mi fecha de nacimiento sumada de otra forma también da 9 de la siguiente forma: 21 + 05 + 1954 = 1980 que vueltos a sumar los dígitos da 1 + 9 + 8 + 0 = 18 que vueltos a sumar da 1 + 8 = **9**

27.- El registro oficial del libro básico de nombre Sistema SAT Simbolismo tiene como fecha oficial el 17 de febrero de 1997, que sumados los dígitos 17 02 1997 nos da 36 que vueltos a sumar nos da **9.**

28.- Nací en la Ciudad de México, cuya longitud es 99° Oeste, que sumados nos da 18, y vueltos a sumar, nos da; 1 + 8 = **9.**

29.- Mi primer Templo SAT oficialmente establecido es en el siguiente domicilio; Medellín número 143, despacho 109, que sumados todos los dígitos, nos da; 1 + 4 + 3 + 1 + 0 + 9 = 18, que vueltos a sumar, nos da, 1 + 8 = **9.**

30.- Este Templo se encuentra en la sección electoral 4545 = 18 = **9**

31.- Mi primer libro pequeño de anuncio del SAT y mi Misión en la Era de Acuarius lo hice cuando tenía 45 años (sin premeditación), y sumados ambos números nos da; 4 + 5 = **9.**

32.- Mi registro civil de nacimiento fue en el libro 18 del Registro Civil, que sumados nos dan; 1 + 8 = **9.**

33.- Y también me registraron en la partida 180, que sumados dan; 1 + 8 + 0 = **9.**

34.- Y libro y partida de mi registro de nacimiento da; 9 + 9 = 18, que vueltos a sumar, nos da; 1 + 8 = **9.**

35.- Nací en la entidad número **9** por orden alfabético de México que es el Distrito Federal.

36.- El idioma Español consta de 27 letras simples (sin contar las dobles ni compuestas, como la ch, ni la ll), y sumados 2 + 7 = **9.**

37.- La Constitución Política de México consta de 136 artículos mas 17 transitorios, o sea, 153 artículos, que nos dan; 1 + 5 + 3 = **9.**

38.- Nací cuando mi mamá tenía 27 años, o sea 2 + 7 = **9.**

39.- Nací en la Provincia Apostólica 36, que da 3 + 6 = **9**

40.- A México donde nací llegó el mensaje de Jesucristo en el año de 1521 con la conquista de España que trajo la Cruz sobre México que adoraba a Huitzilopochtli, y 1521 nos da: 1 + 5 + 2 + 1= **9**

41.- Gobernado por Moctezuma Xocoyotzin, el tlatoani número **9**

Sobre el Subgrado 32 de los Mesías:

42.- Yo nací cuando mi padre tenía **32** años.

43.- Nací en el país de México, que tiene **32** entidades federativas (31 Estados y un Distrito Federal).

44.- Mi primer Templo donde tuve discípulos fue en el domicilio: Avenida Dos, núm. **32**, interior 7, Col. San Pedro de los Pinos.

45.- El teléfono de mi primer templo oficial era 52642823, que sumados los dígitos dan **32**

46.- Por primera vez una discípula de nombre Rebeca ve mi aura dorada cuando tenía **32** años.

47.- Nací en el año 1954, que según la cronología azteca corresponde al Año **32** del Fuego Nuevo 38.

Sobre el 1 o 0 que indican inicio de una nueva etapa:

48.- Nací en el año 1954, que sumados los dígitos, nos da; 1 + 9 + 5 + 4 = 19, que vueltos a sumar, nos da; 1 + 9 = 10, que vueltos a sumar, nos da; $1 + 0 = 1$, que se considera como el año 1 de una nueva etapa.

49.- Nací en el año 514 de la Era de Acuarius, que sumados dan $5 + 1 + 4 = 10$, que vueltos a sumar dan $1 + 0 = 1$

50.- El registro oficial del despacho donde se inició el primer Templo oficial del SAT fue en el año 1999, que sumados los dígitos, nos da; $1 + 9 + 9 + 9 = 28$, que vueltos a sumar, nos da; $2 + 8 = 10$, que vueltos a sumar, nos da; $1 + 0 = 1$.

51.- La primera Cruz SAT oficial que mando hacer para mi (de oro) me la entregan el **1** de Enero, que es el primer día del año (sin que yo premeditara que ese día me la entregaran).

52.- El primer librito de distribución pública me lo entregan en el año 2000 que es cuando lo distribuyo, por lo que inicio en el año **1** del tercer milenio.

53.- Nací en el grado **0°** de Géminis, y nacer en grado 0° es también una clave esotérica.

Sobre los números 3 y 7 que son del nivel
SAT y de los 7 niveles de Existencia:

54.- Fui el número **3** de los hijos de mi mamá.

55.- Nací en el signo número **3** del zodiaco, que es Géminis.

56.- La distribución pública en forma impresa en un pequeño librito la inicio en el inicio del **3°** Milenio.

57.- En el primer Templo no oficial, pero donde ya tengo Adeptos fue en el **3°** nivel de la casa de San Pedro de los Pinos, en la Ciudad de México.

58.- Nací un día 21, que sumados los dígitos da; $2 + 1 = 3$.

59.- El Templo se encontraba en el departamento número **7** de esa casa arriba mencionada.

Sobre los lugares:

60.- Nací en México y según Fray Servando Teresa de Mier, México significa "**el lugar del Mesías**", porque se deriva de la raíz mexi que significa también Mesías.

61.- En México se escenificó la lucha del águila contra la serpiente, y de **la Cruz sobre la víbora**, porque México es un lugar esotérico.

62.- México tiene un gran simbolismo por sus **pirámides** de Teotihuacán, y por eso la Pirámide Iniciática SAT se funda en el país que tiene el simbolismo de la Pirámide mas enraizado.

63.- En las Profecías de la Gran Pirámide (de Benavides) está indicado que el Guía Universal **llegará de occidente**, y México se encuentra en occidente.

64.- También indica que el Guía Universal vendrá de un país que se encuentra en el **paralelo 30º Norte**, y México se encuentra en el paralelo 30º Norte.

65.- México tiene también **6 letras** igual que la palabra Mesías.

66.- Mi primera anunciación de frente a los demás como Guía de la Era de Acuarius fue en un pueblo nombrado **Belem** del Estado de México, sin que fuera premeditado por mi ese lugar.

67.- Aunque inicié el Sendero SAT (pero sin Templo oficial aún) en la calle de **Cruz Azul** y la Cruz y el azul son simbolismos esotéricos muy importantes.

68.- Los primeros discípulos asistían a la casa de **San Pedro de los Pinos** antes mencionada, y tanto "Pedro" que recibió de Cristo las llaves del Reino, como el "pino" símbolo de la Navidad, son claves esotéricas las dos.

69.- En la casa donde vive mi mamá está formado sobre un **mosaico del piso un crucifijo** bastante claro, sin que haya sido dibujado por nadie, sino de manera natural y caprichosa se formó.

70.- El día que se descubrió esa figura fue un **25 de diciembre**, mismo día que por la tarde me la mostraron.

71.- Nací en México que se encuentra en el continente América, mismo que se descubrió en el año de 1492, Esto significa que **se descubrió en la Era de Acuarius**, al poco tiempo de haber iniciado la misma. América es una región bajo la Era de Acuarius.

72.- Además es descubierta el 12 de octubre, que es en el signo de **Libra**, al igual que el ascendente de Cristo, y porque Libra es otro signo del elemento aire de la Era Acuariana.

Sobre las fechas:

73.- Según las Profecías de la Gran Pirámide del 21 de Agosto de 1953 al 20 de Agosto de 1954 es un año 0 donde nacerá una nueva etapa de la humanidad, y yo **nací en ese periodo 0**, el día 21 de mayo de 1954.

74.- También según las Profecías de la Gran Pirámide el año **1984** marca el fin del año judío y **un cambio en la humanidad**, y yo en ese año de 1984 el 24 de noviembre fundé el SAT (sin conocer hasta entonces las Profecías de la Gran Pirámide).

75.- Y nuevamente en la Profecías de la Gran Pirámide (egipcia) en el año de **1987 nacerá una Nueva religión con un Nuevo Mesías**, y yo ese año de 1987 inicié propiamente el Sendero Universal de Unión SAT, porque es cuando ingresó formalmente al SAT la primera asistente a el SAT de manera particular y vistiendo el vestuario SAT sacramental correspondiente.

76.- El día 24 de noviembre de 1984 fundé el Sendero SAT, que es el día que inician los signos trascendentales, desde Sagitario hasta Piscis y además es el **inicio del Año Litúrgico Cristiano**.

77.- En ese año de 1984 que fundé el SAT la Virgen María estaría cumpliendo **2000 años**.

78.- En ese año que inicio el Sendero Universal de Unión tenía **30 años**, al igual que Jesucristo inició su Misión pública a los 30 años de edad.

79.- Al día siguiente que fundé el SAT fue el día del **Cristo Rey**.

80.- Y al otro día que fundé el SAT también en una localidad nombrada Montemaría donde se realizaba una Misa cristiana se formó **en el cielo** en las nubes **la imagen de**

Cristo de una manera muy clara y a su lado tres cruces, de manera tal que toda la gente ahí reunida se sorprendió.

<u>Sobre claves astrológicas:</u>

81.- Nací en la era de Acuarius, subera de Geminos, microera de Acuaris, mes de Gemines y ascendente en Libra, y todos son símbolos de la Era de Acuarius, porque todos son del **elemento aire**.

82.- Nací en la microera de **Acuaris** exactamente, algo que es muy simbólico para mi Misión de Mesías de la era de Acuarius.

83.- Mi ascendente es **Libra**, al igual que el ascendente de Jesucristo que también es Libra.

84.- El registro oficial del primer libro básico del Sistema SAT Simbolismo es el día 17 de febrero de 1997, o sea ene. mes de **Acuario**, sin que fuera premeditado por mí

85.- Nací en el mes de Mayo que es el mes en que se celebra en oriente la emanación del Cristo de la **Gran Logia Blanca**.

86.- Jesucristo tiene como regente al planeta Saturno, porque su signo solar es Capricornio, al igual que yo tengo a **Saturno** como regente, porque es el planeta que se encuentra dominante en mi **Casilla I** en conjunción con el Ascendente.

87.- El día que nací hubo una conjunción de **Júpiter con Venus**, que es la que algunos astrólogos consideran que fue la Estrella de Belem que guió a los tres reyes astrólogos que visitaron a el Niño Dios Jesús.

88.- Mi signo solar de Géminis simboliza al "**Mediador** entre los hombres y Dios".

89.- En mi horóscopo (o esquema astral) se encuentra a **Urano** como el planeta mas elevado en el mismo, haciendo conjunción con el Medio Cielo, lo que significa que mi Misión es de Acuarius, porque Urano es el planeta regente de Acuario.

90.- Mi signo solar Géminis posee una naturaleza humana y una **naturaleza divina**.

91.- Mi registro oficial del libro del SAT lo recibí en el **mes de Acuares**, sin que fuera premeditado por mí.

Sobre mis Adeptos y conocidos:

92.- Me casé por segunda vez con Rosa Margarita del signo de **Acuario** (sin que fuera premeditado con un fin esotérico).

93.- Mi primera Adepto regular tiene por nombre **Belem**.

94.- Esta primera Adepto regular de nombre Belem es además del signo de **Acuario**.

95.- La primera persona que sané por Imposición de manos fue a mi amiga **Alma**, que simboliza un inicio en la "curación de almas", como su nombre lo indica.

96.- Esta amiga Alma con la que inicié la Sanación es del signo de **Acuario**.

97.- El primer Adepto varón que ingresó al SAT fue Víctor de signo solar **Aries**, al igual que el Apóstol Andrés que fue el primero que se acercó a Jesucristo y era del signo de Aries (porque Aries es el primer signo del zodiaco).

98.- Sin embargo, Víctor no continuó y el primer Adepto regular del Sendero Universal de Unión fue Carlos Pérez **Bautista**, y su apellido Bautista tiene el simbolismo de ser el Bautista mío, por ser el primer Adepto regular y convencido del SAT.

99.- El primer Adepto Apóstol en el Sistema Universal de Unión y Salvación SAT es Gabriel Gómez Flores de signo solar **Capricornio** y signo ascendente Cáncer, al igual que el Apóstol Pedro, al cuál Jesucristo le entregó las Llaves del Reino, que es similar a ser el Primer Iniciado en el SAT, y ambos Pedro y Gabriel son de signo Capricornio.

Sobre mi persona y vida:

100.- Soy **Profesor o sea Maestro** al igual que Jesucristo fue Maestro.

101.- En la palma de mi mano derecha se encuentra la "**Cruz Mística**" muy bien formada, por lo cuál una esotérica me dijo que tenía la marca de un Guía Universal.

102.- Cuando entregué los primeros escritos informales de el SAT a los estudiosos de la calle de Cruz Azul (una semana después de haber fundado el SAT), un Sacerdote **ofició** una Misa, sin que yo lo hubiera solicitado ni otro participante que supiera que les iba a entregar dicho escrito.

103.- Cuando di mi primera enseñanza a mi primera asistente, en ese año se descubrió la población de **Betsaida**, donde nacieron los dos primeros discípulos de Cristo, que fueron Andrés y Pedro, así como también Felipe.

104.- Me bautizaron en la Iglesia de **Cristo Rey**.

105.- Nací en el año de 1954, que sumados los dígitos da; $1 + 9 + 5 + 4 = 19$, que vueltos a sumar nos da **10**, que es el grado de Jesucristo, solamente como una similitud mas a la vida de Jesucristo, porque El es el único Grado 10 de todos los tiempos.

106.- **No tengo hijos naturales**, al igual que Jesucristo no tuvo hijos naturales porque su esencia es puramente espiritual.

107.- Mi primera enseñanza oficial que di fue a mis **33 años**, porque aunque empecé a los 30 en la Cruz Azul, aún no eran enseñanzas formales, sino solo algunos principios generales, pero a los 33 años ya dí una enseñanza oficial y con formalidad. Y los 33 años son la clave de Jesucristo y de alguna manera también de mi Misión.

108.- El día 25 de diciembre a mis 32 años (que conmemora la Navidad de Jesucristo) y estando yo en la Iglesia recibí el **Espíritu Santo** en la Misa que se estaba oficiando ahí.

109.- Un cierto día vi el libro "Imitación de Cristo" en una librería y lo desee comprar, pero revise perfectamente bien mis bolsillos y no traía dinero para comprarlo, por lo que salí de la librería, y unos pasos adelante al volver a meter mi mano en el bolsillo **apareció el dinero**, que seguramente Dios me lo dio milagrosamente, por lo que pude comprar el libro, que es esencial para la Vida Espiritual.

110.- A la edad de 31 años empecé a realizar curaciones por **imposición de manos** únicamente.

111.- Un vidente cuando me vio por primera vez cuando aún yo no iniciaba la creación del SAT y sin yo saber que en un futuro iba a realizar tal Misión, me dijo "**Vas a ser un Maestro** y a llegar muy alto", y yo no entendí a que se refería.

112.- En una ocasión iba en un auto y **presentí** un accidente, y solicite que bajaran la velocidad, pero no me hizo caso el chofer, para lo cuál yo pedí que me permitiera bajar del automóvil, y mas adelante estuvieron a punto de accidentarse gravemente. Me enteré de eso unos días después.

Sobre mi horóscopo:

113.- Poseo astrológicamente la Trilogía; SAT (por Saturno), Chit (por Géminis) y Ananda (por Libra). **SAT, Chit, Ananda**, son Voluntad, Inteligencia y Amor.

114.- Los cuatro **planetas trascendentales**; Saturno, Urano, Neptuno y Plutón encuadran mi Ascendente y Medio Cielo, que me dan una Misión Trascendental.

115.- Poseo las **tres etapas de la vida**, que son; Juventud (por Géminis), Madurez (por Libra) y Vejez (por Saturno y Luna en Capricornio).

116.- Poseo también las **tres manifestaciones**, que son; Hombre (por Saturno), Mujer (por Libra), y Yen–Yin (por Géminis), solo simbólicamente.

117.- Poseo también los **tres planos**, que son; Elemental (por Géminis), Pleno (por Libra) y Trascendental (por Saturno y Capricornio).

118.- **Neptuno** se encuentra en mi Casilla XII, en conjunción con el Ascendente, que me proporciona un Elevado Misticismo.

119.- **Júpiter** se halla en mi Casilla IX, que me da un destino de fundador de un Sendero Universal de Unión y Salvación.

120.- Mercurio se halla en mi Casilla VIII, que me convierte en un "**Develador de Misterios y Claves Esotéricas**".

121.- **Saturno** se encuentra en mi Casilla I, que es el planeta del Dharma, del Karma y del Maestro Espiritual por excelencia.

122.- Mis dos signos básicos Géminis y Libra son de naturaleza **elevada**, porque no representan a ningún animal.

123.- La publicación masiva y pública del SAT fue cuando el planeta **Urano** (regente de Acuario) se encontraba **en Acuario**.

124.- El Sendero SAT como enseñanza Mística y Espiritual se publicó cuando **Neptuno** (planeta de la Espiritualidad) se encontraba en **Acuario**, lo que significa el nacimiento de la Nueva Espiritualidad de Acuarius (Acuario).

125.- En la Microera de Aris (Aries) de la Subera Cancios aparece el Sendero Universal de Unión y Salvación SAT, y como Aries es el primer signo del Zodiaco y por lo mismo representa **el inicio**, como cuando apareció el Mesías de Era de Piscius que fue el Buda (que fue en la subera Arios de la Era de Piscius).

Otras claves

126.- Esta publicación la inicio cuando vivo en la colonia Izcalli, que significa "**Época de Resurrección**" en náhuatl.

Como se observa, bastaría que algunas claves no se dieran de esta forma para que no coincidieran todas las claves que se mencionaron, porque es como un rompecabezas, que si una pieza no encajara, no encajaría ninguna otra. Esto significa que no es coincidencia sino un Plan Divino.

Refiriendose a Satcarlos se dice:

Su nombre es JESÚS

**Es hijo de la Virgen María de los Ángeles
y de un Carpintero**

Es el Hijo del Hombre

Su madre se unió a José
que no era su padre biológico

A su mamá la Virgen se le presentó Gabriel antes de
su nacimiento.

A los 30 años inició su misión

Su inició fue en Belen

En el azul del cielo se alzó su Cruz
Por eso fue la Cruz Azul

Bautizado en Cristo Rey

Porque en su mano tiene la
Cruz Mística

Es un Gran Maestro

Sanador de Almas

Cura por
Imposición de Manos

Nace en el Año Uno
Saturno es su Regente
Libra su ascendente

Su Salvación fue a los 33 años

Su primer discípulo fue el
Bautista

Su primera sanación fue de Alma

Nació en el lugar del Mesías
Como lo indicaban las Profecías

Representa una Trinidad

Y es un Guía de la
Humanidad

El es
SAT CARLOS

SATCARLOS

RESUMIENDO:

JESUCRISTO es Grado 10

Los Mesías de Era son Grado 9

SAT CARLOS es Grado 9

Razones son las siguientes:

1.- SatCarlos tiene 9 letras
2.- Nació en 21 05 1954 que da 9
3.- En Cábala Arqueométrica es 9
4.- Nació en México longitud 99 que da 9
5.- Nació en año acuariano 513 que da 9
6.- Su primer templo SAT oficial fue en Medellín
143 despacho 109, o sea, 1 4 3 1 0 9 que da 9
7.- Su nombre completo consta de 27 letras, que da 9
8.- A los 45 años publica su primer librito que da a
conocer su misión, y 4 + 5 da 9

Y ningún dato lo tuvo de forma premeditada.

JESUCRISTO
Es el Único CRISTO
Hijo de DIOS y DIOS mismo
Para todos los tiempos

SAT CARLOS
es el Mesías de la Era de Acuarius
que es una de las Doce Eras del Ciclo Crístico

BUDHA
fue el Mesías de la Era de
Piscius

ABRAHAM
fue el Mesías de la Era de
Arius

SATCARLOS tiene mas de 120 Claves Esotéricas que
indican su Misión.

Su Misión es a través de el Sistema SAT Universal

Jesucristo
Mesías Cristo
Grado 10 Subgrado 33

SatCarlos
Mesías Era
Acuarius
Grado 9 Subgrado 32

Budha
Mesías Era
Piscius
Grado 9 Subgrado 32

Virgen María
Madre de Jesucristo
Grado 9 Subgrado 31

María de los Ángeles
Madre de SatCarlos
Grado 9 Subgrado 31

Maya
Madre de Budha
Grado 9 Subgrado 31

N. Copernico	Ch. Darwin	Karl Marx	B. F. Skinner
Magnusat	Magnusat	Magnusat	Magnusat
Arios	Tauros	Geminos	Cancios
Grado 9	Grado 9	Grado 9	Grado 9
Subgrado 30	Subgrado 30	Subgrado 30	Subgrado 30

Gabriel Gómez Flores Primer Apóstol SAT

**El nombre civil de SatCarlos es
Carlos Pimentel (resumido)
Carlos de Jesús Pimentel Flores (completo)**

Discípulo de JESUCRISTO

HORÓSCOPO DE CARLOS PIMENTEL

Carlos nació en la Ciudad de México el 21 de Mayo de 1954, a las 16:45 hrs.

Sol en Géminis: Muy intelectual y eterno aprendiz de todo, con un gusto marcado por el conocimiento de todo tipo, desde lo muy cotidiano hasta lo mas profundo y espiritual.

Inteligencia muy desarrollada, con gran ca- pacidad lógica y científica, que se basa mas en la realidad y objetividad que en supersticiones.

Sociable, amable y adaptable a todas las personas con capacidad de adaptación a las mas diversas situaciones.

Experimentador de todo tipo de cosas con criterio amplio, tendiendo a abarcar muchas cosas al mismo tiempo y por lo mismo, dejan- do inconclusas varias de ellas.

Ascendente en Libra: Pacífico, amable y bueno, que desea ayudar siempre a todas las personas.

Amable y comprensivo con todos, con los que siempre evita los conflictos, tolerando a los agresivos sin perder su cortesía.

Buscador eterno de la justicia y el equilibrio ya que no acepta las injusticias ni las cosas inmorales, aunque no es severo para castigar a los deshonestos ni agresivos.

Excelente decorador, ya que su sentido esté- tico está desarrollado, y puede ser un artista en cualquier campo.

Géminis-Libra: Signo dual de elegancia social, bondad y un sentido de la amabilidad pronunciado.

Intelectual cien por ciento, que desea saber de todo, y que con una inteligencia explica cualquier tema, basándose en la razón, la justicia y la amabilidad, ya que es fino y una persona humana que no domina ni ofende a nadie.

Saturno en Casilla I: Aunque es ligero, fino y sociable, también es una persona muy madura, responsable y recta, que siempre cumple con sus obliga- ciones de una manera correcta y eficiente.

Muy puntual y disciplinado para toda ac- tividad.

Por periodos es algo serio, callado y algo solitario, porque es totalmente autosuficiente y muy maduro para enfrentar sus responsabi- lidades de manera correcta.

Es un Maestro de Disciplina, rectitud y Sabiduría.

Puede en ocasiones sentirse deprimido y aislado, porque es humilde y no le gusta atraer la atención.

Su juicio es muy objetivo, científico y maduro.

Neptuno en conjunción al Ascendente: Espiritual, místico y miseri- cordioso, como una persona religiosa.

Marte en Capricornio: Pero puede ser estricto y firme ante perso- nas egoístas, agresivas o inmorales, pero evita dañar a otros, por lo que solo es severo y estricto consigo mismo, y a emplear su energía en el trabajo.

Muy responsable, ya que su sentido del Deber y el Dharma no le permiten ser flojo ni irresponsable.

Urano en conjunción con el M.C.: Urano como planeta mas elevado da una Misión en la Era de Acuarius, porque Urano es el regente de Acuario y de la Era. Ideología y Religión de la Era Acuarius, basada en un Universalismo, y Humanismo moderno, científico, liberal, igualitario, con un sentido de amistad y humildad con todos rechazando las discriminaciones, racismos, y diferenciaciones, viendo a todos como compañeros por igual. Liberación de tabús, pero con objetividad científica, madurez y legalidad.

Júpiter en Géminis en Casilla IX: El Maestro y el Sacerdote por excelencia, que se basa en la objetividad y no en supersticiones.

Mercurio y Venus en Géminis: Mente versátil, emociones ligeras y sanas, sin obsesiones, posesividad ni celos.

Gusto por las relaciones sociales y amo- rosas múltiples, pero sin tragedias ni dramatismos enfermizos sino amables y naturales.

Luna en Capricornio: Dificultad para expresar una emotividad fuerte, mostrando una cierta ecuanimidad y moderación algo indiferente.

Rechazo del dramatismo, con una bus- queda de la serenidad mental, que puede ser en ocasiones fría y racionalista.

Gusto de la soledad y dificultad para formar una familia numerosa y apegada a las tradiciones, de las cuales se aleja un poco.

Plutón en Casilla X en Leo: Deseo de revolucionar y transformar su medio social y laboral.

Conflictos con los jefes de trabajo, la suegra, o los primos, porque estos son agresivos, competitivos y sarcásticos generalmente.

Mercurio y Sol en Casilla VIII: Búsqueda de misterios y quizá haga estudios raros, extraños o esotéricos, como Astrología, Antropología, Magia, Simbolismo, Ovnis, Parapsicología u otros.

Marte y Luna en Casilla III: Con los hermanos y vecinos tiene una relación ambivalente, ya que por un lado puede ser afectuoso y protector (Luna), y por otro puede ser muy enérgico con ellos. Probablemente porque los vecinos sean agresivos o arianos, ya que su Ascendente Libra no lo hace ofensivo ni agresivo con nadie.

Júpiter conjunción Venus: Un don maravilloso tiene, como un Gurú o Mecenas, o simplemente mucha amabilidad y bondad que irradia.

Fortuna económica o laboral proba- blemente por esta conjunción.

Urano oposición Luna: Rupturas, sucesos inesperados e inestabilidad constante con las mujeres o en la casa, ya que tiende a cambiarse continuamente de residencia.

Marte conjunción Luna: Agresividad constante recibe de las mujeres, que lo hacen irritarse con estas en varias ocasiones.

Marte sextil Saturno: Firmeza y energía cuando es necesario emplea, pero sabe moderar sus impulsos agresivos y evita dañar a otros siempre.

Plutón en Casilla X, y Sol en VIII: Pérdida prematura del padre, y orfandad de figura masculina en la niñez

Géminis en Casilla IX: Posibles estudios sobre algo de la mente o comunicación, como Psicología.

Venus en Géminis: Probabilidad de dos o mas matrimonios o una multiplicidad de relaciones.

Luna en Capricornio: Posiblemente viva solo un periodo de la vida importante.

"El que tiene humildad y amor a Cristo,
tiene mas que el que posee éxito
social y económico"
SatCarlos

"El que compite por tener mas
y ser mejor que los demás es peor,
porque es egoísta y soberbio"
SatCarlos

*"El que daña a los demás con sus
actos o comentarios es malo,
aunque haga muchas obras buenas"*
SatCarlos

Si desea participar en el Sistema SAT Universal asista a: Ave. Insurgentes num. 300 (o Medellín 143), despacho 109, Colonia Roma, Ciudad de México, D.F., o hable al Tel. 0445534498374 o al Tel. 52642823

Si desea ser Adepto del SISATUN o Sistema SAT Universal y el Universalismo mandeme un mensaje al correo:

satcarlos1954@yahoo.com.mx

con estos datos:

Nombre _____

Domicilio_____

Ciudad_____ Estado_____ País_____

Correo postal_____Correo electrónico_____

Teléfonos _____

Fecha y hora de nacimiento _____

Sexo_____Nacionalidad_____

Estado civil_____

Número de hijos____Vivo con _____

Escolaridad máxima _____

Ocupación actual _____

Religión _____

Enfermedades que tengo _____

Aficiones principales_____

Por que desea ingresar al Sistema SAT Universal: _____

_____

_____

_____

_____

Mensaje personal:

¡Bienvenido a una nueva etapa de su vida, en el que evolucionará continuamente hasta alcanzar la Iluminación y en el que el mundo y la Humanidad entera se unificará en una sola Unidad, basada en la Paz, el Amor, el Deber, la Devoción y la Felicidad genuina!

SATCARLOS

MESÍAS DE ERA
DE LA ERA DE ACUARIUS
Y
FUNDADOR DELUNIVERSALISMO
Y DEL
SISTEMA SAT UNIVERSAL
QUE ES EL
PRIMER TESTAMENTO DEL UNIVERSALISMO